Günter von Hummel

Bei sich sein als *Anderer*

Trübselige künstliche Intelligenz
versus
Wissenschaft v o m Subjekt, die
glücklich macht

Das Umschlagbild der Malerin T. Heydecker hat keinen Titel (o. T.), aber es zeigt Augen, Gesichter, Hände, Blumen und Pflanzen und noch Einiges mehr in gegenseitiger Verschlungenheit, so dass man ihm auch hunderte von Titeln geben könnte. Und so passt es genau zu dem Buch, dem ich fast den Titel der Überschrift des ersten Kapitels gegeben hätte. Doch das schien mir dann doch zu frivol, auch wenn es echt gemeint ist.

© 2025 Günter von Hummel
Verlag: BoD · Books on Demand GmbH,
Überseering 33, 22297 Hamburg, bod@bod.de
Druck: Libri Plureos GmbH,
Friedensallee 273, 22763 Hamburg
ISBN: 978-3-8192-4427-8
Lektoriert von T. Heydecker und R. J. Osler

Inhaltsverzeichnis

1. ‚Sex' als Logik

‚Sex' als Logik, das klingt sehr nach etwas Widersprüch-
lichem, und ist es auch. Dennoch verbirgt sich in diesem
Ausdruck etwas psychoanalytisch Prinzipielles. Denn
seit jeher versucht die Psychoanalyse eine Wissenschaft
v o m Subjekt zu sein, die nicht nur mit faden sachlichen
Bemerkungen daherkommt, sondern mit der von Freud
so benannten `Sexualtheorie' etwas unter die Haut Ge-
hendes, Vibrierendes und Erotisierendes mit sich führt.
Für Freud ist das sexuell Charakteristische nicht biologisch, nicht von Hormonen, auch nicht von Pheromonen,
sondern von Phonemen, Lautsprachlichem her bestimmt.
Es lautet so ähnlich wie Sex, meint aber Sprachlaute, Be-
deutungszeichen, Signifikanten. Freud musste eine ‚se-
xuierte' Sprache verwenden, sonst hätte man ihn nicht
gehört. Es geht also um ‚Sex' in Anführungszeichen, das
metaphorisch gemeint ist, aber real metaphorisch.

Ich kann es gleich an einem Beispiel erklären. Indem der
französische Psychoanalytiker Jacques Lacan in den
sechziger und siebziger Jahren des letzten Jahrhunderts
seine Vorträge ohne Manuskript, frei und animierend,
hielt, und sich – nach zögerlichen Anfängen – schließlich
hunderte von Zuhörern in die Säle der École Normale Supérieur' de Paris drängten, konnte er den derartigen ‚Sex'
auch ganz plastisch vermitteln: nämlich dass er der Mann
sei, der brillant Intellektuelles über die Psychoanalyse

vortrug, und das Publikum die Frau, oder die Frauen seien, die sich dem hingaben: ‚Sex' als Logik sozusagen. Tatsächlich war es so, dass das von Lacan sogenannt ‚weibliche' oder besser: feminisierte Publikum (es waren mehr Männer als Frauen zugegen) kaum etwas sagte, auch wenn er dazu aufforderte, ihm Fragen zu stellen.

Wie im wirklichen Leben gaben sich diese‛ Publikums-Frauen' nicht gleich der vorgetragenen Logik hin, bzw. psychoanalytisch ausgedrückt: sie rückten mit ihrer Wahrheit nicht heraus, sie gaben ihre Angst nicht her und verblieben im Wartestand. Lacan frotzelte manchmal über seine Zuhörer*innen oder machte süffisante Bemerkungen. Einmal sagte er auch, dass er sich bei seinem Vortragen so lustvoll frei und gehoben wie im ‚Sex' fühle, obwohl er in der Realität weit entfernt davon war. Aber so verhält es sich eben mit dem ‚Sex' als Logik‛, denn sowohl die Art, wie auch der Inhalt von Lacans Vorträgen, ging noch ein Stück über die bisher bekannten ähnlichen Versuche eines der Logik unterstellten Sexuellen hinaus, wie sie etwa der Philosoph M. Foucault beschrieben hat.[1]

Auch Foucault sah im Sex etwas Widersprüchliches, er verstand „unter Sex nicht die Sexualität, sondern den Körper als solchen und seine Lüste, ohne Einengung,

---

[1] Foucault, M., Short Cuts, Das Abendland und die Wahrheit des Sexes (2001)

Regelung und Strategie". Seiner Meinung nach müsste man den Sex all seiner Regeln und Formen entkleiden, seine „Kargheit" und „Hinterhältigkeit" von ihm nehmen und ihm seine „Selbstpraktiken" in Eros und Liebe wiedergeben, die in der Antike, in der ‚ars erotica‘ vorgeherrscht haben sollen.[2] Für Foucault übt der Sex eine Diktatur der Missverständnisse aus, denn es fehlt selbst das ‚Objekthafte‘, das Bestätigte, Definitive. Man muss „Nein zum König ‚Sex‘" sagen, dozierte er, damit eine freie „Selbstpraxis" entstehen kann. „Man glaubt, Jahrhunderte lang sei die Sexualität unterdrückt worden und die Macht perfide gewesen, während man doch in Wirklichkeit heute einfach nur in einer Zeit lebt, in der man deswegen so viel vom Sex spricht (Sexualwissenschaften, Psychoanalyse etc.), um auf die lüsternste Weise an der gesellschaftlichen Macht zu partizipieren".

Foucault konstatiert für die Neuzeit eine obsessive Beschäftigung mit dem Sex, die sich in einer regelrechten „diskursiven Explosion" ausdrücken würde. Der Sex wurde für das Bürgertum zunehmend zu etwas, „das all seine Sorgen in Anspruch genommen und das er in einer Mischung aus Angst, Neugier, Ergötzen und Fieber kultiviert." Sexualität wurde zum innersten Geheimnis des Subjekts, zum „Universalschlüssel, wenn es darum geht zu wissen, wer wir sind" und dadurch zu einem Gegenstand der Wissenschaft: „Man glaubt, dem Sex seine Wahrheit entreißen zu müssen, . . Er soll uns sagen, was

---

[2] Foucault, M., Short Cuts, Verlag Zweitausendeins (2001)

mit uns los ist." Weil dies selbst in der klassischen Psychoanalyse nicht so gut gelang, lehnte Foucault sie ab.

Doch Lacan reichten diese Äußerungen nicht. Schon Freud hatte Philosophen und Logiker als sublime, also als verfeinerte und vergeistigte, Hysteriker bezeichnet, weil diese lediglich aus ihrem Ich, bzw. ihrem Selbstbewusstsein heraus stichhaltige Wahrheiten verkünden würden, die zwar großartig und elegant seien, aber nicht wissenschaftlich präzise. Ohne die Einbeziehung des Unbewussten sei eine Wissenschaft v o m Subjekt, sei eine Klärung all dessen, was nicht objektivierbar ist, unmöglich. Lacan hob stets die Dreiheit des Imaginären (Bildhaften, Erscheinungs-Wirkenden), Symbolischen (Sprachlichen, Wort-Wirkenden) und des Realen heraus, das nicht Realität, sondern ‚ex-sistierend' ist, also ex (von außen her) und ‚sistierend' (drängend, beharrend) ist. Es sei „ohne Riss" und stets als Kern des Ganzen am gleichen Platz wiederkehrend.

Nur mit dieser Dreiheit (symbolisch, imaginär, real) ließe sich alles definitiv einkreisen und auch aus dem ‚Sex' (jetzt wieder mit Anführungszeichen) heraus eine Logik entwickeln, die zu Sich als *Anderem* führt, als unbewusst *Anderem*. Der/das *Andere* ist der Ort, in dem sich die Wahrheit einschreibt.[3] Denn das Unbewusste – so Lacan – ist die Sprache des *Anderen*, der nicht der Fremde ist,

---

[3] Lacan, J., Séminaire XVII, Starferla free, S. 125

sondern der/das *Andere* von einem Selbst, die eigene *Andersheit* in sprachlicher Vermittlung. Die Sprache allein würde *Es*, das Freud'sche *Es*, das Unbewusste, nicht erreichen. In seinem 24sten Seminar behauptete Lacan nämlich, dass die Sprache (also schwerpunktmäßig das Symbolische), wie sie üblicherweise verwendet wird, misslungen sei. Sie sei „unpassend, um irgendetwas zu sagen".[4] Vor allem nutze man die Sprache mehr zur Verschlüsselung innerer Strebungen, als zur Enthüllung und Klärung, wozu sie eigentlich da sei.[5]

Ja, Lacan geht noch weiter und konstatiert, dass die Sprache eigentlich wie eine Obszönität daherkomme. Allerdings steckt hinter dieser Aussage ein Wortspiel. Im Französischen klingt obszön wie ‚ab-scene‘, wie ‚andere Szene‘, die Freud auch als das Unbewusste bezeichnet hat. Das Ganze ist also ein bisschen Spielerei, die für die Psychoanalytiker typisch ist, denn sie haben es ständig mit veränderten Worten ihrer Patienten aus Träumen und Versprechern zu tun, deren hintergründige Bedeutungen sie als ‚Sexuiertes‘ deuten müssen, als Sprache des *Anderen*, der/das den ‚Sex‘ als Logik verkörpert. Trotz allem, ganz unsinnig sind die Behauptungen Lacans nicht. Schließlich waren Wortspiele im Zusammenhang mit dem Unbewussten, das eben bereits bei Freud als ‚Sex‘

---

[4] Lacan, J., Seminar XXIV, Vortag vom 8. 3. und 18. 4. 1977, aus Lacan entziffern.de
[5] Lacan, J., Seminar XXI, Staferla, Vortrag vom 20. 12. 1973

in Form einer zu entziffernden Logik galt, therapeutisch gerechtfertigt.

Die Sprache des Unbewussten ist die des nach außen strebenden Verdrängten, die einer verborgenen Andersheit, und so erklärte Lacan an anderer Stelle des gleichen Seminars (XXI), dass es grundsätzlich zwei unterschiedliche Formen des Sprechens einer Sprache gibt: ‚volles Sprechen‘, das einen wirklichen Sinn, einen Wahrheits-Sinn vermittelt, und ‚leeres Sprechen‘, mit dem nur Bedeutungen aneinandergereiht daher geleiert werden. Nur unter Einbeziehung des Unbewussten ist das Sprechen voll. Reale Logik ist nur vom Begehren, vom ‚Sex‘ heraus zu erreichen, weil dann schließt sie das Subjekt mit ein.

Selbst wenn die Marktfrauen untereinander oder die Männer am Stammtisch sich gegenüber wohl nur Bedeutungen und nicht großartige Ausdrücke eines Wahrheits-Sinns austauschen, passiert so etwas auch generell im Alltag der meisten Menschen, nämlich dass sie nicht voll sprechen. Und sogar in der Psychoanalyse, wo es doch so auf das Sprechen ankommt und versucht wird, das Unbewusste einzubeziehen, verhält es sich manchmal nicht viel anders und ist das Sprechen oft leer. Entsprechend seiner oft vorwitzigen und leicht frech-frivolen Art, meinte Lacan auch, dass die Psychoanalyse wohl ein Schwindel sei. „Sie ist vielleicht ein Schwindel, aber nicht irgendeiner, sie ist ein Schwindel, der zutrifft im

Hinblick darauf, was ein Signifikant ist, denn der hat das, was man Sinn-Effekte nennt".

Nun, ein Signifikant ist das Schillernde und gleichzeitig Bezeichnende in den Worten und Sätzen, und von daher erscheint es fraglich, wie man sich tatsächlich mit solch einem Fluidum, so etwas ‚Unpassendem', wie der Sprache überhaupt verständigen kann. Um das zu verstehen, gibt es zwei Möglichkeiten. Einerseits die auf die Psychoanalyse bezogene, hinsichtlich der man wissen muss, dass es am Anfang des menschlichen Lebens einen ersten Blick gibt, ein erstes Erscheinungs-Wirkendes, bzw. Imaginäres, indem „der bloße Anblick der vollständigen Form des menschlichen Körpers dem Subjekt eine imaginäre Beherrschung seines Körpers verschafft, die gegenüber der realen Beherrschung verfrüht ist. Das Subjekt greift der Vollendung der psychischen Beherrschung voraus, und diese Antizipation wird ihren Stil jeder späteren Ausübung der wirklichen motorischen Beherrschung aufdrücken. Das ist das ursprüngliche Abenteuer, in dem der Mensch zum ersten Mal die Erfahrung macht, dass er sich sieht, sich reflektiert und sich als anders begreift, als er ist – die wesentliche Dimension des Menschlichen, die sein ganzen Phantasieleben strukturiert".[6]

Und das wirkt sich dann eben auch strukturierend mit auf seine Sprache und sein Sprechen aus, wozu ja Lacans

---

[6] Lacan, J., Séminaire I, Vortrag vom 24. 2. 1954, S. 93

Meinung passt, dass die Sprache unpassend sei, um etwas zu sagen. Die Signifikanten, die durch ihre Differenz wirken, sind so sperrig, so widerspenstig, weil sie nicht auf eine Ordnung, sondern speziell aufs Subjekt bezogen sind. Doch andererseits wirft man so etwas Sperriges auch der künstlichen Intelligenz (KI) vor. Deren Akteure haben beim Bau ihrer Sprachprogramme bemerkt, dass sie umgekehrt wie in der Psychoanalyse nicht die Knoten der Signifikanten dechiffrieren, sondern sie einbetten müssen in den riesenhaften typographischen Raum, den das Internet darstellt. Sie reden von ‚Worteinbettungen‘ und ‚Wortvektoren‘, die Syntaktisches und Semantisches immer wieder anders zusammenfügen, so dass ein normaler Satz entsteht.[7]

Der vom KI-Anderen herkommende Satz ist wohl auch ein Schwindel, und zwar deswegen, weil der KI-Andere nicht der psychoanalytisch *Andere* des eigenen Unbewussten ist, sondern nur der eines Informatikers. Trotzdem kann man den einen Schwindel gut mit dem anderen vergleichen. Denn die ‚Einbettungen‘ von Bildern oder Worten haben gleichermaßen mit dem ersten Blick, mit dem Erscheinungs-Wirkenden, dem Imaginären zu tun. Man braucht sich nur ein großes Zimmer vorzustellen, es also zu imaginieren, und darin Wortstücke sich nach dem

---

[7] Krauss, P., Künstliche Intelligenz und Hirnforschung, Springer Verlag (2023) S. 165-166

für die KI typischen ‚Ähnlichkeiten‘, ‚statistischen Wahr-
scheinlichkeiten‘, Bedeutungszusammenhängen, linguistischen Klassifizierungen, etc., verbinden lassen. Diese
dann zu Phrasen und Sätzen führenden Bewegungen sind
dann die ‚Wortvektoren‘ und betreffen das Gleiche wie
die Signifikanten in der Psychoanalyse Lacans, nämlich
so etwas wie den ‚Sprachschlüssel‘, wie das Sprachver-
ständnis, wie den Clou der Worte, was ich in meiner von
Lacan inspirierten Nomenklatur das Wort-Wirkende
heiße. Erscheinungs- und Wort-Wirkendes sind zwei
Grundkräfte, Grundformen des Begehrens, das Lacan
auch die Aufmerksamkeit nennt.[8] Aufmerksamkeit ist
eine Neigung, eine Affinität, ein Verlangen zu etwas, und
das betrifft eben auch das, was man mit dem Wort Trieb
verbindet, der in der Psychoanalyse nicht biologisch ist,
sondern ‚Sex‘, Strebung, Begehren.

Wenn die ‚Worteinbettungen‘ der KI auf die ungeheuren
sprachlichen Datenmengen im Internet zurückgreifen,
verwenden sie dennoch nur ein begrenztes Areal, denn
die zwischenmenschlichen Beziehungen werden dort
nicht einer kreativen Aufmerksamkeit unterzogen. Die
Kombination verschiedener ‚Kontext‘- und ‚Ziel‘-Wör-
ter miteinander umfassen Imaginär- und Symbolisches,
aber nicht das Reale der Aufmerksamkeit und des Begehrens. Umgekehrt bei den Signifikanten, die unbewusst

---

[8] Lacan, J., Seminar II, Walter Verlag (1980) S. 409

zusammen-gefügt sind und somit nicht auf das äußere, bewusste Internet zugreifen, sondern auf die Sprache des *Anderen*, die Sprache der grundsätzlichen *Andersheit,* die eben das Unbewusste und dessen Aufmerksamkeit charakterisiert.[9] Es handelt sich also um zwei ganz gravierend unterschiedliche Wege, die die Psychoanalyse und die KI hierbei gehen. Die KI kennt kein Unbewusstes, wie ein psychisch Kranker verleugnet sie dies sowohl für das Imaginäre als auch für das Symbolische so wirkmächtige Reale.

Ich komme im Weitern noch ausführlich auf all diese Begriffe zurück. Aber bereits von dem bisher Gesagten her erscheint es gewiss nicht einfach, ein Buch zu schreiben, wie ich es hier tue, das ein selbstanalytisches Verfahren, eine Methode der Selbst-Praxis vermitteln und kein Schwindel sein soll. Denn ich komme zu einem ‚vollen Sprechen' zwar nicht dadurch, dass ich so außergewöhnlich Umfassendes von mir gebe, sondern Andere, reale Andere, einbeziehe, die es sozusagen durch ihre Praxis vollenden, zu der ich lediglich die Anleitung liefere. Ich tue dies nicht deswegen, weil die Psychoanalyse – vor allem diejenige, die Lacan als ‚klassisch' und ‚herkömmlich' abqualifiziert – ein Schwindel sei, sondern weil die Psychoanalyse trotz der Erneuerung, Erweiterung und

---

[9] Für Lacan ist das Unbewusste die Sprache des *Anderen*, im Französischen *l'Autre*, was der/die/das *Andere* sein kann. *L'Autre* ist nicht der Fremde, sondern stets Differentes, *Anderes*.

Verbesserung, die Lacan gebracht hat, immer noch sehr theorielastig und umständlich ist.

Andererseits ist auch die Entwicklung der KI diesbezüglich noch nicht sehr weit gelungen. Ihre Intelligenz ist eine rein mechanistische, kalt berechnende Erkenntnisform, während die Psychoanalyse und das von mir entwickelte selbstanalytische Verfahren sich auf eine Intelligenz stützt, die der innigen Zuwendung und Empathie unterstellt ist. Dass die Liebe, das hochsublimierte und vergeistigte Begehren (dem ‚Sex' in Anführungszeichen) als Erkenntniskategorie gilt, habe ich von dem Paläoanthropologen T. Appleton übernommen, der sagte, dass Liebe eine „kognitive Erkenntnismöglichkeit" sei, wenn es darum geht, etwas zu erforschen, das dem Wissenschaftler auf anderen Wegen nicht mehr zugänglich ist.[10]

Wie der Frühmensch, z. B. der Neandertaler gedacht, gefühlt und gesprochen hat, ist nur sehr schwer wissenschaftlich objekthaft zu erfassen. Die Knochenfunde allein geben zu wenig Anhalt. Auch Lacan drückte es so aus: „Oft kann man nur beweisen, dass etwas existiert, indem man liebt", und indem Appleton seine Neandertaler liebte, sie ihn faszinierten und nicht mehr losließen, konnte er sich tief in sie hinein fühlen und denken. Indem

---

[10] Appleton, T., Warum verschwanden die Neandertaler? Heyne (1999) S. 30

er zusätzlich noch moderne paläoanthropologische Elemente in seine Betrachtung mit hineinnahm, konnte er gut begründete Aussagen über das Leben dieser Frühmenschen machen. Warum also nicht mit dieser der innigen Zuwendung unterstellten Intelligenz voranschreiten, anstatt mit der einer nur stur und gewaltsam versachlichten Form, auf die sich die Technokraten stützen.

Was die Theorielastigkeit der Psychoanalyse angeht, trifft dies sogar auf die von Lacan bewirkte Erneuerung besonders zu. Es gab kaum einen Hörer seiner Seminare, der nicht gesagt hätte, dass er von den vorgetragenen Inhalten nichts verstanden hat. Aber Lacan meinte stets, das sei gerade gut, alles zu verstehen sei gar nicht möglich, wichtiger sei es zu bemerken, dass an seinen Aussagen etwas dran ist. Denn so bliebe man wach, während man sich beim ‚Ver-Stehen' nur in eine gute Position bringen wolle, nur richtig dazu ‚Stehen' wolle, ohne in die Sache einzudringen. Mit anderen Worten, man konnte Lacan schon folgen, musste eben manches noch nachlesen oder gleich mehrmals studieren. Nur so konnte der ‚Sex' seiner Vorträge an der École Supérieur Logik werden. Ich werde noch schildern, warum dies dennoch nie bis zur Perfektion gelingen konnte.

Nun will ich – trotz allem – diesen einen Schritt weiter gehen und also eine Selbstanalyse, Selbstpraxis propagieren, die ich *Analytische Psychokatharsis* genannt habe, zu deren Darstellung ich aber nicht zu viel und nicht zu komplizierten Text verwenden möchte. Auch wenn der ‚Sex‘ als Logik nicht so leicht gelingen wird, obwohl dies notwendig wäre, wenn es sich um eine Wissenschaft v o m Subjekt handeln soll, kann ich gesicherte Ergebnisse aus dem Bereich des unbewusst Seelischen bringen. Wie gesagt sind diesbezüglich Andere für mich notwendig, andere Subjekte, die der KI völlig egal sind, denn sie stülpt diesen einfach ein linguistisches Universalkonzept über. Das Internet ist für sie der ‚Heilige Geist‘, den sie zum Sprechen bringt.

Nun ist dies keine zu verachtende Leistung, aber gerade diese Fertig-Lösungen, dieses Online-Gestammel von Milliarden Technologie-Höriger, wie sie früher von den religiösen Performern repräsentiert wurden, hoffe ich doch überwinden zu können. Freilich habe ich gegen die KI-Technokraten und ihre kalte, materialistische Auffassung mit meinem humanwissenschaftlichen Verfahren der *Analytischen Psychokatharsis* nur eine geringe Chance. Ich setze hier also besonders auf die Praxis, denn das von mir entwickelte Verfahren ist in seiner praktischen Anwendung einfach zu erlernen. Will man es aber auch begreifen und der wissenschaftlichen Begründung folgen, kommt man nicht drum herum, den folgenden Text zumindest soweit zu lesen, bis man von der Methode ausreichend überzeugt ist. Einfach erlernen ist so wie ‚Sex’, ausreichend überzeugt sein sowie Logik.

Ich bin zur Beschreibung dieses Verfahren auch dadurch gekommen, dass ich gelesen habe, ein Parallel-Universum – so es überhaupt eines gibt oder geben kann – würde nur 10^{-31} cm von uns entfernt sein. Das ist ein so irrer niedriger Abstand, dass das Parallel-Universum praktisch mit uns identisch ist. Es ist in unserer Hand, im Auge, im Herzen, einfach überall und doch woanders. Auch das klingt wieder sehr nach dem *Anderen*, der man selbst ist, auch wenn es hier nur durch die zwar nicht bewiesene, aber hochgradig zu vermutende Anwesenheit von Dunkler Materie und Dunkler Energie in unserem Universum bestätigt sein würde. Zweimal Dunkles, doch soweit muss man im Eros gar nicht gehen. Denn es ist nicht ganz unplausibel, dass zum Unbewussten der Begriff einer universellen Parallelwelt passt.

Es ist innerlich so nah, dass ich mir dachte, warum kann man nicht unmittelbar mit ihm als einem *Anderen* in uns selbst in Kontakt kommen, und dadurch alles über sich und die Welt erfahren, und muss nicht über etliche Jahre hin, mehrmals wöchentlich zu einem Psychoanalytiker gehen, der einem zwar mit „gleichschwebender Aufmerksamkeit" zuhört, wie Freud sagte, aber nichts erklären und überhaupt nicht viel reden soll. Er soll den Patienten eher mit stoischem Schweigen behandeln, sich auch Träume und Peinlichkeiten erzählen lassen, woraus sich jedoch erst nach Jahren Wahrheiten als endgültige Deutungen eruieren lassen. Nun wusste ich, das auch mit meditativen Methoden Wahrheiten aus dem Unbewussten herausholbar sind, insbesondere, weil sie den Einzelnen einbeziehen, und so kam ich zur Entwicklung der *Analytischen Psychokatharsis,* in der Psychoanalyse und Meditation verbunden werden.

Lacan hat die Sprachwissenschaft ins psychoanalytische Vorgehen eingebracht, und mit dieser Hilfe lässt sich das Unbewusste besser zum Reden bringen, wenn man es mit etwas ‚Sprachlich-Kristallinem‘ – so Lacans Ausdruck für die Struktur des Unbewussten – mit etwas Erscheinungs-Wirkendem, Blick- und Schaulüsternem – könnte man auch sagen – konfrontiert. So etwas kann man jedoch auch für die Meditation nutzen, wo man bekanntlich formelartige Sprüche verwendet, die wie solche ‚sprachlich-kristallinen‘ Elemente aufgebaut sind und seelisch stärkend wirken, aber nur mythisch, mystisch verfasst sind. In der Selbstpraxis der *Analytischen Psychokatharsis* lässt sich der/das *Andere* in äußerst f o r m a l e r Form darstellen und so das ‚Sprachlich-Kristalline‘ wissenschaftlich erfahren. In einigen Kapiteln werde ich dies genauer beschreiben und nochmals im Anhang auch von der praktischen Seite her erklären und auch den Bezug zur KI und Meditation aufzeigen.

Ich habe zu diesem Thema bereits in meinem Buch ‚Verinnerlicht Euch!‘ Stellung genommen. Ich schrieb: Geht nach innen und nicht nur nach außen! Warum nicht bei sich selbst anfangen? Hat es nicht schon genug Kampf und Kriegsgeschrei gegen andere gegeben? Warum nicht den inneren Schrei, den der Seele nach Befreiung, hören? Nach dem die 68er Bewegung schon nachgelassen hatte, meinte der Linksrevoluzzer Stéphane Hessel, er müsse den jungen Leuten noch nach der Jahrtausendwende etwas Ähnliches, nämlich ein ‚Empört Euch'! zurufen: klagt alles und alle an, wenn es Euch schlecht geht. Macht kaputt, was euch kaputt macht.

Dieser Aufschrei hat sich inzwischen scheinbar überholt, seitdem man sich in den sozialen Medien bis zur Erschöpfung bewegungslos empören kann.[11] Später hat der Journalist und Autor U. Wickert diesen mahnenden und appellativen Tenor mit einem ‚Identifiziert Euch' zu krönen versucht.[12] Aber auch dieser Aufschrei war nicht erfolgreich, obwohl er ja nicht mehr so drastisch in die Kerbe einer Bewegung gegen andere schlug, sondern in eine zu sich selbst. Eine gegen trostlose Gleichmacherei und Ideologie. Aber die gleichmachende, identifizierende Anpassung findet ja wiederum nur vor dem Hintergrund eines Nicht-Angepasst-Seins statt, eines, wie von Freud erwähnt, noch rohen, primären Zustandes der Triebkräfte. Man kann noch so gut angepasst sein, meinte er, die elementaren Kräfte brechen immer wieder mal durch, egal ob mittels niederer oder höherer Lüste.

---

[11] Hessel, S., Empört Euch, Ullstein (2011)
[12] Wickert, U., Identifiziert euch! Piper Verlag (2019)

Der Text dieses Buches ist nicht in mahnender, sondern lediglich in essayistischer Form verfasst, mittels der von psychoanalytischen, meditativen, philosophischen und naturwissenschaftlichen Bereichen berichtet wird. Das Hauptgewicht liegt auf der Praxis, die als eine auf das Subjekt bezogene Wissenschaft gelten soll, und so wird sie nicht ohne Theorie auskommen, sonst wird die Sache mystisch, magisch. So brillant intellektuell wie Lacan in seinen Seminaren vorgegangen ist, wird es zwar nicht werden, egal ob dies jetzt besser oder schlechter ist, aber zu verstehen ist es leichter.

Und vor allem: das Begehren, der ‚Sex‘ als Logik, wird so direkt verständlich, denn was sollte eine exakte Logik sein? „Das Einzige, was in der Geschichte (der Logik) als erstaunlich hervortritt, ist der Eindruck der Gleichförmigkeit in der Zustimmung, der diese sogenannten aristotelischen Formeln bis hin zu Kant begegnet sind, denn Kant bewahrte die Illusion, dieses Gebäude der Logik sei unangreifbar“.[13] Das scheint selbstverständlich zu sein, aber für eine nicht nur dem Bewussten, sondern auch dem Unbewussten unterstellte Logik, einer Logik des Subjekts, stellt sich diese Frage nicht. Bei den Psychoanalytikern entscheidet das Begehren, was logisch ist und was nicht. Bei der KI entscheidet es der Programmierer. In der

---

[13] Lacan, J., Seminar IX, Lacan-entziffern.de, Vortrag vom 17. 1. 1962

Analytischen Psychokatharsis geht es jedoch hauptsächlich um das Wesen des Subjekts, wozu das Entscheidende beim Einzelnen selbst liegt, bei ihm als *Anderem*.

Das Meditieren der nicht mehr mystisch, sondern nach wissenschaftlichen Kriterien geschriebenen Formulierungen der *Analytischen Psychokatharsis* (sprachlich-kristallin aufgebaut haben sie dennoch keinen Sinn, und provozieren so das Unbewusste) führt nämlich zu einem sich vom originär unbewussten Begehren her entfaltenden und erkenntnisfördernden ‚Selbstgespräch' oder anders gesagt: zu einem Gespräch zu sich als *Anderem*. So etwas ist nichts Ungewöhnliches, ich zitiere diesbezüglich immer gerne den Schriftsteller und Literatur-Nobelpreisträger P. Handke, der erzählte, dass er oft ‚unwillkürliche Selbstgespräche' führe. Dabei komme es zu plötzlichen, aus dem Unbewussten auftauchenden Worten, Phrasen und Sätzen. Es handelt sich dabei nicht um die bewussten, oberflächlichen, alltäglichen Selbstgespräche, die keine Tiefenerkenntnisse liefern, aber ablenkende Wirkung haben.

In gleicher Weise hat auch der Heilige Augustinus Selbstgespräche geführt, die nicht bewusste, schlichte, profane Unterhaltungen waren, sondern durch meditative Übungen angeregte, und genauso wie bei Handke, plötzlich aus dem Inneren auftretende Äußerungen vermittelten.[14] Augustinus schreibt, dass er nicht wisse, ob „der Redende körperlich oder unsterblich sei, aber was er denke sei wahr und wissbar". Er sei nicht Gott, bilde aber dennoch den Bezugspunkt seiner Bemerkungen. Es geht auf jeden Fall um mehr als nur um ein Denken, eine Vorstellung, eine Überzeugung oder intuitive Gewissheit. Doch war es bei Augustinus sicherlich mehr als die alltäglichen Gespräche mit den Mitmenschen.

Zuletzt ein Hinweis auf das Werkzeug, das die Psychoanalyse benutzt und das auch für das Verständnis der *Analytischen Psychokatharsis* wichtig ist. Freud ging von den ursprünglichen Kräften des Eros-Lebens- und des Todes-Triebs aus. Diese Einteilung hat sich nicht so bewährt, weshalb Lacan die beiden Grundtriebe Erscheinungs-Wirkendes, bzw. Schautrieb und Wort-Wirkendes,, bzw. Sprechtrieb nannte. Er bezeichnete sie auch als ein ‚Sich Sehen und ein sich Hören Machen', was ich manchmal noch weiter zu einem *Es Strahlt* und *Es Spricht* verkürze.

Es sind Grundvorgänge des Begehrens, das in ersten Fall den Blick und im zweiten die Stimme zum ‚Objekt' haben. Psychoanalytiker verwenden noch andere, vor allem sogenannte ‚zonale' Trieb-Objekte wie z. B. den Oraltrieb und das für das Kleinkind wichtige orale Objekt, die Mutterbrust. Das Kind nimmt die Brust der Mutter immer

---

[14] Aurelius Augustinus, Selbstgespräche, Tusculum (1989)

wieder als einen Teil von sich selbst wahr, und diese Wahrnehmung konzentriert sich auf die Zone seiner Mundöffnung. Es muss von diesem zonalen Trieb-‚Objekt' entwöhnt werden, während der zu krasse Gourmet noch etwas am Oralen hängen geblieben ist. Und so – in ähnlicher Weise also – übertönen manche Menschen alles mit ihrer Stimme, weil sie sie für universal halten und sie in andere damit eindringen wollen. Und der von zu vielen Blicken gebannte Mensch wiederum ist psychisch krank. Er versteht es nicht anderen in die Augen zu schauen und vermeidet den Blick meist gleich ganz.

2. Parallel-Universum oder: Ich ist ein *Anderer*

Als Arthur Rimbaud am 15. 5. 1871 seinen Spruch vom „Ich ist ein Anderer" in einem Brief an P. Demuny in die Welt setzte, dachte er sicher nicht an ein Parallel-Universum. Er dachte noch vor dem Erscheinen der Psychoanalyse daran, dass sein Ich nicht das bewusste, oberflächliche Ego ist, dem man den ganzen Tag hinterher läuft, sondern eben an etwas ganz *Anderes* in ihm selbst, mit dem er nicht fertig wurde. Aber auch der Psychoanalyse ist es wie Rimbaud nicht ganz gelungen ein ‚Bei sich sein als *Anderer*' so verständlich zu machen und zu verwirklichen, so dass man damit nicht nur zu sich selbst als *Anderer*, sondern auch zu anderen – klein geschrieben als zu lustvoll besetzten ‚Objekten' – einen besser geklärten, gereifteren und umfassenderen Umgang haben könnte.[15]

Rimbaud hat nicht gesagt, ich bin ein Anderer, denn das wäre psychotisch, schizophren, gewesen. Er hat den Anderen als eigene Figur, aber eben doch mit seinem Ich als total verbunden dargestellt, was vielleicht neurotisch, aber auch psychologisch-schriftstellerisch als genial bezeichnet werden könnte. Auf jeden Fall hat ihn diese ja sogar zu größerem Ruhm gekommene Phrase nicht geschadet. Und freilich hat er nicht so wie ich dies hier

---

[15] Ich schreibe auch ‚Objekt' in Anführungszeichen, weil es weniger um Gegenstände, als um psychische ‚Objekte' geht.

versuche und Lacan es hundertfach vorgemacht hat, den/das *Andere(n)* in eine Wissenschaft eingebracht, die philosophisch, psychoanalytisch und praktisch logisch in Richtung einer Therapie geführt werden kann, mit der auch eine psychische Heilung möglich ist. Es rentiert sich also bei sich als *Anderer* zu sein, in einem Gespräch beispielsweise, wie ich es ja schon im Vorkapitel angedeutet und mit Beispielen belegt habe.

Dieses ‚bei sich sein‘ erinnert wieder an die Aufmerksamkeit, die sich hier nicht auf das kleine ich richtet, sondern ein grundlegendes Begehren des Subjekts ist, das von vornherein in das Begehren des *Anderen* verwickelt ist. Lacans Statut: ‚das Begehren des Menschen ist das Begehren des *Anderen*‘ ist meist missverstanden worden.[16] Denn es geht natürlich nicht um das Begehren nach dem, was ein andere hat (das nur nebenbei), sondern um das Begehren des und nach dem bedeutsameren, auch bereits von den Vorfahren stammenden und deswegen groß zu schreibenden, *Anderen* in einem selbst. Es handelt sich ums Verlangen, um ‚Sex‘, nach Bedeutendem, Geltendem, Sichtbaren, *Anderen* eben, das nicht nur Spiegelung des anderen ist.

Ich will diese Doppelnatur des Menschen und seines Unbewussten in dem Verfahren der *Analytischen Psychokatharsis* zu einem gut begründeten und hilfreichen Erfolg

---

[16] Lacan, J., Schriften I, Walter Verlag (1973) S. 220

bringen, und werde dies vor allem im Kapitel 7 tun. Außer der Tatsache einer praktischen Verwendung, Selbsterfahrung, Selbsttherapie und seelischer Stärke, steht hinter meinem Verfahren allerdings noch ein anderer und vielleicht sogar größerer Anspruch. Am 19. 3. 2025 gab es auf 3SAT eine Sendung mit dem Titel „Wer regiert die Welt". Zwölf ‚hochkarätige' Leute aus den verschiedensten Bereichen diskutierten. Ein ‚Wer' kam nicht heraus, aber ein ‚Was', das zu großen Teilen schon bekannt war. Das ‚Was' besteht aus der Geldmacht von riesengroßen Unternehmen, aus der politischen Macht mehr oder weniger diktatorisch regierter Staaten und der Macht neuerer, angeblicher Super-Intelligenzen, die mit digitalen Techniken alles an sich reißen, um damit noch mehr Geld zu verdienen und noch mehr die Macht zu missbrauchen. Zusammen genommen also ein ziemlicher Horror, dem man sich nur schwer entgegensetzen kann, weil man mit der erwähnten der Liebe unterstellten Intelligenz und mit nur wenig Geld nicht so leicht reüssieren kann.

Das ist ein ernsthaft gravierendes Problem. Dagegen hilft keine Demokratie, weil auch die Medien von diesen negativen Mächten beherrscht, und damit die Menschen manipuliert werden. Weltuntergangsphantasien hat es zwar immer schon gegeben, aber heute sind sie durch die massive Umweltzerstörung, Klima-Entgrenzung, Slumbildung in Monster-Städten von 20 bis 30 Millionen Bewohnern, Verarmung der Massen bei Überreichtum

Weniger, etc., begründeter denn je. Riesengroße Plastik-
berge türmen sich in den Weltmeeren, und Mikroplastik
hat heute bereits jeder Mensch in sich. Klimakatastro-
phen in Form von Dürren und Überschwemmungen haben ex-trem zugenommen, Wassermangel ist bedrohlich
geworden, die Meere sind leergefischt, Energiehunger
nicht mehr finanzierungsfähig, Cyber-Kriminalität unbe-
herrschbar, etc.. Grauenhafte ‚Ewigkeits-Chemikalien‘
und überbordende Falschnachrichten kommen noch
dazu, und mehr Horrorszenarien will ich gar nicht auf-
zählen, denn das zu tun, hilft ja ebenfalls nicht.

Dass die KI, die künstliche Intelligenz, total die Welt er-
obern und die Menschheit von sich aus ausrotten könnte,
ist mehr als unwahrscheinlich, denn dazu müsste sie Maschinen bauen und Atombomben selber herstellen können. Eher ist sie dement, weil sie vom ‚Sex‘ nichts versteht, ja nichts verstehen darf und vom Unbewussten
nichts weiß. Sogenannte ‚Content-Filter-Personen‘ löschen zudem noch alles Diesbezügliche aus ihren Texten
heraus, was nicht unverständlich ist, schließlich sind die
Texte mit sexuellem Inhalt nicht nach Kriterien der Logik
geformt, sondern eher nach denen der Perversion. Da
liegt der Unterschied, dem die KI nicht auskommt, weil
ihre Texte unerbittlich öffentlich sind. Aber ohne Reali-
tätsbezug, ohne das Unbewusste, ohne die in der Psychoanalyse favorisierte logische Praxis und ohne die

menschentypische Authentizität und deren Kalauer, Humor und Ironie, kommt sie nicht weiter.

Diese zu Recht negativ genannten KI-Produzenten sind – mas o meno – verbrecherische Typen, die damit heute schon demokratische Wahlen direkt fälschen und Betrug jeder Art ermöglichen, die man neben dem geistigen Abbau auch dem Zuwachs autoritativer, diktatorischer Potentaten zurechnen muss. Jahrzehntelang hat man Abrüstungsvereinbarungen getroffen, aber heutzutage herrscht ein enormes Wettrüsten in Raketen-, Drohnen- und Atom-Waffen vor, das nicht mehr kontrollierbar erscheint. ‚Wer die Welt regiert‘ sind die gleichen Paranoiker und perversen Leute und sogar Staatsführer, wie sie auch in psychiatrischer Form in den Nervenkliniken vorkommen. Dort sind sie aber leidende Kreaturen, Opfer seelischer Kälte, Paranoiker, aber im Politischen leiden sie am Größenphantasma, am Cäsarenwahn und kriegerischem Aggressionstrieb, und darum, um dies Verwerfliche geht es.

Dass der Rechtspopulismus zunimmt, verwundert diesbezüglich nicht, denn die genannten Techmilliardäre und autoritativen Politiker denken nur an sich, der zurückgelassene Einzelne kann das System dieser sogenannten Moderne nicht durchschauen. Eine politische Partei als Gegenpart wirkt viel zu blass, um daran etwas zu ändern. Nun werden die Menschen, die sich mit dem von mir entwickelten Verfahren der Selbstpraxis stärken, auch

keinen direkten Ausweg aus der allgemeinen Misere finden. Sie können gewisse Katastrophen nicht verhindern
und gewisse Pseudo-Kompromisse mit diesen Deutungs-
Mächten wird man schließen müssen. Aber eine stoische
Zurückhaltung und eine Intelligenz, die nicht von einem
stetigen immer nur mehr Wissen, einem Wissen nur um
des Wissens willen, abhängt, wird im Kampf um die
Frage, ‚wer die Welt regiert‘, letztlich doch wichtig werden.

Die kalten, sachlichen Wissenschaften sind nur Diener
dieser Ungeheuer-Mächte, und so ist eine Phalanx der
Menschen guten Willens allein zwar nicht genug, aber einer Wissenschaft v o m Subjekt, eine dem kritischen Mitgefühl und der innigen Zuwendung unterstellte Wissenschaft, als die man die Psychoanalyse und die Methode
der *Analytischen Psychokatharsis* vielleicht bezeichnen
kann, könnte trotzdem Bedeutung in den Köpfen der
Menschen bekommen. Ich werde damit keinem bloßen
Positivismus Vorschub leisten und auch die erfreuliche
Tatsache, dass die Menschen heute mehr denn je in großen Mengen auf die Straße gehen, muss man als kon-
struktives Element und als Gegenpart erwähnen.

Doch genauso wichtig wäre der Begriff einer Leitwissenschaft, wie sie lange die Physik und die mit ihr zusam-
menhängenden Wissenschaften gewesen sind. Man
braucht etwas, mit dem man den Tech-Funktionären und
den KI-Milliardären von höherer, und das heißt für mich

von analytisch-meditativer, wissenschaftlicher Seite her, entgegentreten kann. Auch wenn die klassische, herkömmliche Psychoanalyse sich nicht mehr auf dem Niveau von früher und selbst die Post-Lacanianer sich nicht mehr auf Lacans Niveau bewegen, sind wenigstens die Grundelemente letzterer auch für eine selbstpraktische Methode wichtig, auch wenn es fraglich bleibt, ob man damit ein wirkliches Gegengewicht gegen die Übertechnologie schaffen kann.

‚Objektive‘ Wissenschaften allein vergegenständlichen und verdinglichen alles zu sehr, und damit wird man nur selbst zur Sache, die andere entwickelt und so aufbereitet haben, damit man sie gut schlucken und verinnerlichen kann. Die Situation, das Wesentliche, der Kern der Problematik zwischen Subjekt- und Objekt-Wissenschaften, ist der gleiche, wie er heute im Politischen und im Massen-Kontext der Medien und der künstlichen Intelligenz weltweit vorkommt. Das bedarf fundierter Theorie, die alles kritisch untersucht. Tatsächlich findet heutzutage ein Konflikt in Form von so etwas wie dem ‚Clash of Civilisations‘ statt, wie es der amerikanische Politikwissenschaftlers S. P. Huntington schon vor etlichen Jahren formuliert hat, und der sich jetzt zu einem ‚Clash of Sciences‘ ausweitet.[17]

---

[17] Huntington, S. P. The Clash of Civilizations and the Remaking of World Order (2011)

Nicht mehr Nationen, stehen anderen Nationen, sondern die demokratischen, liberalen und wissenschaftstreuen Zivilisationen stehen den totalitären und autokratischen, wissenschaftsfeindlichen Macht- und Identitätsblöcken gegenüber. Das Problem liegt viel zu tief in jedem Einzelnen, was man deutlich daran sehen konnte, als D. Trump seine zweite Regentschaft in Amerika antrat und mit täglichen zig Dekreten (Strategy: flood the zone with shit) große Verwirrung stiftete, wogegen sich lange kein deutlicher Widerstand regte. Viele blieben zuerst einmal stumm. Inzwischen sieht es besser aus. Aber eine Leitwissenschaft, die all diese neuzeitlichen Probleme in den Griff bekommen könnte, ist noch nicht ausgearbeitet.

Politische Parteien, aber auch alle anderen Gremien und soziale Organisationen sind zu sperrig und der Einzelne hat zu wenig Macht. Trotzdem kann man nur bei ihm ansetzen und ihm mehr Stärke und psychische Reife, mehr Sicht und mehr Sprachkompetenz geben, um so die wirklichen demokratischen und Reife-Fähigkeiten zu fördern. Eben deswegen ist Selbst-Praxis und Selbst-Analyse gefragt, denn nichts anderes, auch nicht die KI oder die sozialen Medien vermögen die notwendige Lücke der Selbst-Behauptung und -Verteidigung sowie der Eigen-Bestätigung zu füllen.

Während die sozialen Medien an Oberflächlichkeit und Entstellungen kaum zu überbieten sind, sind Chat-Verläufe mit der KI meist ziemlich langweilig und trübsinnig. Aber auch Online-Kommunikationen, in denen man sich nicht physisch nahe ist und – wenn auch besser nicht tief – in die Augen schauen kann, siechen in ihrer Bizarrerie oft behandlungsdürftig dahin. So berichtete die Journalistin Nina Sternbuch von einem derartigen Online-Dialog zwischen einem Mann und einer Frau, beide wohl klassische Millennials, der von der Seite des Mannes her so endete: „Christiane, wann kann ich dich nackig sehen? Respektvoll, Carsten."[18] Oh mein Gott! So unverfroren, infantil, voll pubertär – wenn das die moderne Zeit ist! Die Leute wissen nicht mehr, was wirklich mit ihnen los ist. Sie verstehen ‚Sex' als Sex und nicht als Logik, worin sie sich als *Anderem* bestätigen könnten.

Der Kerl meint das ernst, ein Gender-Krüppel und Brutalist, der wohl niemals eine Chance beim anderen Geschlecht haben wird, obwohl es sich ja angeblich so verhält, dass und wie man im Sex eine Frau ‚erkennen' kann, wie selbst Lacan einmal diskutiert hat.[19] Allerdings gilt das Umgekehrte nicht oder kaum, nämlich dass eine Frau einen Mann auf diese Weise ‚erkennt'. Immerhin hat man in der Bibel immer schon vom ‚Erkennen' gesprochen,

---

[18] Sternbuch, N., DER SPIEGEL Nr. 9 (2025)

[19] Lacan, J., Seminar XXIV, aus Lacan-entziffern, S. 3 Darin geht Lacan davon aus, dass der Mensch sich mit seinem Symptom identifizieren kann, wobei das Symptom – das sei sogar sehr geläufig – auch der Sexualpartner sein kann. Und identifizieren ist eine Art des Erkennens.

wenn zum Beispiel Maria nicht verstand, warum sie schwanger sein soll, „wo sie doch keinen Mann erkenne" (altgriechisch mit γινοσκειν, gignoskein, erkennen, übersetzt). Egal wie dieser Zusammenhang vermittelt ist oder nicht, denn offensichtlich führt er meist zu Missverständnissen.

Anscheinend glaubte man, im Sex sei man besonders unverstellt, originär sozusagen. Lacan meint zwar, im ‚Sex' verhalte es sich wie in der Psychoanalyse, man rede nämlich äquivok, mehrdeutig und doppelsinnig: „Das Äquivoke ist sofort auf ‚Sex' ausgerichtet. ‚Sex' ist ein Sagen", zwar ein Aneinander-Vorbeireden und nur ein vielschichtiges Bedeutungs-Machen, das keinen Wahrheits-Sinn enthüllt.[19] Aber an anderer Stelle des gleichen Seminars betont er, dass ‚Sex' nur ein „leeres Ganzes" sei, zwar etwas Volles, Großes, Umfassendes also, aber leer, hohl, ohne Inhalt. Das ganze Begehren, die Aufmerksamkeit, der Trieb, sei „ein Bitten um etwas, das man nicht weiß," ein Stammeln im Charakter von männlichen Wünschen und Phantasien, wie es der dumme Carsten tut und das keine wirkliche und wahrhafte Beziehung erstellen kann.

Dieses ‚leere Ganze' könne sogar dazu führen, dass Frauen sich reihenweise von der Männerwelt völlig abwenden, also vielleicht auch ein Clash – zwar nicht der Zivilisationen, sondern – sondern eher der Geschlechter. So schildert es jedenfalls auch die Soziologin, Feministin und FLINTA*-Mitglied Franziska Schutzbach in ihrem neuesten Buch.[20] FLINTA*, das heißt: Feminin, Lesbisch, Intersex, Non-binär, Trans- und A-gender, etc., etc., denn, so die Autorin, das Sternchen (*) bedeutet, es werden noch viele weitere Personen und auch ‚Gender-Queere‘ Menschen dazukommen. Zu was? Zu einer queeren, aber Top-Frauenkommune?

Die Autorin steht politisch links-außen und kämpft dafür, dass Frauen sich viel mehr zusammentun und verbünden müssen, doch sollten diese Freundschaften nicht nur aus Konversation betreibenden Plaudertaschen bestehen, sondern eine feminine Revolte vorantreiben, um eben diese verrohten und gewalttätigen Männer aus dem nach wie vor herrschenden Patriarchat zu vertreiben. FLINTA* klingt so ein bisschen nach Flinte, doch die ist nicht gemeint, wenn es um die Verfolgung dieser Männer geht, obwohl sie sicher effektvoller wäre, als der reine Kampf mit Worten. Ich glaube allerdings, dass die angeblichen Patriarchate, also die Vaterherrschaften, nur Andriarchate, Männerherrschaften, sind, und dass man das alles anders ausdrücken müsste.

Den wahren, perfekten Vater gibt es wahrscheinlich gar nicht, was mir den Vorwand liefert, solche unguten Herrschaftsverhältnisse als starre Parallelen zu bezeichnen, die ins Unendliche gehen, ohne sich jemals zu verändern

---

[20] Schutzbach, F. Revolution der Verbundenheit, Droemer (2024)

und zu überschneiden. So hat es jedenfalls der Mathematiker Euklid schon vor mehr als zweitausend Jahren beschrieben. Das Ideal dagegen wären die Linien, die nur zeitweise parallel verlaufen, die sich aber trotzdem immer wieder einmal überkreuzen können, anti-parallel sozusagen. Derart geformt sieht es nämlich die moderne, projektive oder Einsteinsche Geometrie hinsichtlich der Raum-Zeit-Verhältnisse im Universum. Doch was hat das jetzt mit einer Wissenschaft v o m Subjekt zu tun, von der man annehmen könnte, dass sie eine Leitwissenschaft für die moderne Zeit sei? Springe ich damit nicht nur von einem Bereich in den nächsten, womit sich wohl niemals ein selbstpraktisches Verfahren begründen ließe?

Nun, die Parallelen sind ein anschauliches und in allen Bereichen auffindbares Beispiel, insbesondere, wenn man sie den gekrümmten Linien der projektiven Geometrie und der Queerness, also den Anti-Parallelen gegenüberstellt und versucht, daraus etwas Neues zu begründen. Wie konnte man überhaupt auf etwas so Seltsames kommen wie zwei Linien, die immer im gleichen Anstand bis ins Unendliche dahinlaufen? Unendlich, ist das nicht etwas Wahnhaftes, irrational Paranoisches? Man muss wohl fasziniert gewesen sein von etwas derart Gefälligem, Ästhetischem, Geradeaus-Korrektem, und so etwas hat sich offensichtlich der Carsten bei der Christine auch vorgestellt: wir sind doch auf der gleichen Ebene, parallel, vereint im Euklidischen Universum, da muss es doch gehen, dass wir zusammenkommen, nackt wie Gott uns schuf.

Freilich habe ich mit dem Titel dieses Kapitels neben Rimbaud die Astrophysik in den Vordergrund gestellt, obwohl sie nicht gerade die geeignetste und beste Wissenschaft bezüglich des Seins und des Menschen in all seiner Komplexität ist, um den Clash der Zivilisationen oder der Geschlechter, und die Frage nach der leitenden Funktion einer Wissenschaft zu lösen. Auch lässt sich das Leben in der heutigen Zeit ohnehin nicht so einfach damit vergleichen, wie es noch vor achtzig oder gar hundert Jahren der Fall war. Man ist heute erfolg- und kenntnisreicher geworden, und vielleicht sogar ein bisschen besser mit allgemeinem Wissen ausgestattet. Hinsichtlich allgemeiner Information besteht jedenfalls eine wesentlich größere Komplexität als früher.

Das heißt aber nicht, dass man auch fortschrittlicher geworden wäre. Zwischen Erfolg und Fortschritt, besteht ein großer Unterschied, denn beim Erfolg geht es lediglich um eine äußerliche Verbesserung oder um einen Sieg wie bei einem vollendeten Brückenbau oder bei der Erfindung des Computers. Oder gar nur um Erfolge einzelner, indem andere weit zurückgelassen werden wie bei den Autokraten. Beim Fortschritt dagegen würde es sich um eine Steigerung hinsichtlich des Wesens des Menschen selbst und der Menschheit generell handeln, sowohl hinsichtlich der Intelligenz wie auch der Wahrheit und Qualität – Philosophen nennen das ‚Qualia' – was so ein wenig nach ‚Quälia' klingt, und was es wohl auch ist, eine Form von Weisheit.

Ich betreute als Arzt einmal viele Jahre einen an Schizophrenie erkrankten Patienten, der zu mir sagte, das Entscheidende kann einem kein Anderer sagen, man muss selbst darauf kommen. Es sei schon gut mit Anderen zu reden, meinte er, aber von Grund auf, vom Wesentlichen her, bekommt man von Anderen nicht die wegweisenden oder ausschlaggebenden Sätze zu hören. Die Wahrheit, so konstatierte er auch, sei irgendwo in einem Parallel-Universum aufgehoben und hier, auf dieser Erde, in diesem Universum, sei sie nicht zu haben. Fast hatte ich den Eindruck, dass er damit ausdrücken wollte, seine Krankheit käme daher, dass man von den Menschen das Wesentliche, nämlich die ‚wahre' Wahrheit, nie zu hören bekäme. Man bliebe schizo-phren, ‚normo-phren' oder ‚vero-phren', alles nur einseitige Parallelen.

Ich komme nochmals zur den 10^{-31} cm zurück, dieser ungeheuer kleinen Distanz zwischen zwei angeblichen Universen. Gerade diese enge Verbundenheit liefert den Physikern von heute die beste Möglichkeit den Zusammenhang zwischen Quantenmechanik und Relativitätstheorie (die Quanten-Gravitation) zu interpretieren. Aber sie liefert auch Wasser für die Mühlen der Esoteriker, die nunmehr glauben, alle geheimnisvollen Kräfte, die dem Menschen direkt zugänglich seien – wie etwa

Psychokinese – erklären zu können, weil man ja nur den kleinen Finger heben müsste, damit beide Universen in Bewegung geraten. Doch die Astrophysikerin L. Randall widerspricht einem solchen Zusammenhang aufs heftigste. Denn immerhin ist die kleinste Länge, der kleinste messbare Abstand, noch irrsinnig kleiner, nämlich 1,616 x 10^{-37} cm.

Wie Randall behauptet, gibt es sehr vereinzelte enge Stellen, die als Durchtunnelungen bezeichnet werden, an denen ein Durchgang von 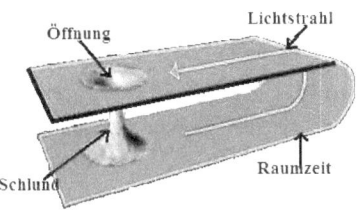 einem Teil des Universums in ein anderes (Parallel-Universum) möglich ist. Auch wenn das zweite Universum direkt in uns versteckt, ja bis zum Geht-Nicht-Mehr mit uns verklebt und zusammenhängend ist, gibt es keine Chance einer Verbindung als nur die genannten Durchtunnelungen, die hohe Energien und Materie-Masse-Umwandlungen erfordert. In der obenstehenden Abbildung versuche ich diese Durchtunnelung in einem einfachen Schema darzustellen, auch wenn ich dabei nicht vermerkt habe, dass das andere Universum freilich auch ein Anti-Universum oder Aliter (anders) – Universum sein kann.

Nach Einstein ist der Raum grundsätzlich in sich gekrümmt, selbst Lichtstrahlen durchqueren ihn nicht so parallel, wie es die übliche Betrachtung zeigt, und so ist

in der Abbildung auch zu sehen, wie das Licht der Krüm-
mung der Raumzeit anti-parallel folgt, während die Gra-
vitonen, die Schwerkraftteilchen, direkt durch die
‚Wurmloch' genannte Tunnelung (Schlund) hindurch
von der einen Welt zur zweiten, von dem einen Teil- oder
Parallel-Universum zum anderen Teil- oder Anti-Paral-
lel-Universum gelangen können. So sehr diese Tatsache
der Durchtunnellung und auch die Tatsache der 10^{-31} cm
nahen Trennlinie faszinierend ist, muss man darüber hinaus spekulieren und zwar auf einem ganz anderen Gebiet
als dem der Physik oder Astronomie, nämlich – so meine
ich jetzt freilich voreingenommen und parteilich – auf
dem der Psychoanalyse. Oder ist dies nun – nach der Zu-
mutung, dass es überhaupt so etwas wie ein Parallel-Universum gäbe – erneut ein zu großer Sprung von einer
Wissenschaft zu einer völlig anders gearteten Wissenschaft, also endgültig eine Frechheit?

Vielleicht nicht ganz, denn die Durchtunnelung von weit
auseinander liegenden und doch kaum unterscheidbaren
Systemen existiert in vielen Bereichen, und bezogen auf
die Psychoanalyse kann man sie insbesondere inmitten
ihrer Grundlagen verfolgen. Denn vom Erscheinungs-
und Wort-Wirkenden ausgehend, verengt sich der Trieb,
das Begehren in Richtung auf sein ‚Objekt', um es wieder
loszulassen und ein anderes zu nutzen. Das ‚Objekt' ist
das Variabelste am Trieb, dozierte Freud, und so bleibt
manches auch außerhalb der Durchtunnelung. Lacan

erklärt daher auch die Sprache so, dass die ‚Wortvektoren‘, die Signifikanten, durch diesen Tunnel, durch die ‚défilés signifiantes‘, die Engführungen der Signifikanten, hindurchmüssen, wenn man überhaupt etwas sagen will, und das geht beim normalen und üblichen Sprechen eigentlich gar nicht perfekt.

Noch weniger perfekt gelingt das beim Schauen und Blicken, weil dazu gleich Auge und Blick voneinander getrennt werden müssen, um überhaupt etwas klar wahrnehmen zu können. Deswegen durchlaufen nur wenige Blicke die Durchtunnelungen und verteilen sich mehr im Diffusen des Erscheinungswirkenden. Man braucht nur daran zu denken, dass man unmöglich permanent tiefe Blicke mit anderen Menschen austauschen kann, ein Großteil muss stets ins Auge zurückgebannt oder der Blick muss gesenkt werden. Ich stelle aber schon einmal das astrophysikalische Bild umgewandelt in ein Bild dieser Vorgänge für einen Vergleich beider Bereiche hierher.

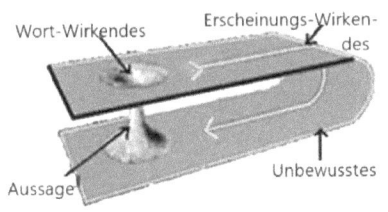

Was vorher der Lichtstrahl der Elementarteilchen war, ist jetzt das Erscheinungs-Wirkende, ein *Es Strahlt,* der Schautrieb, das Imaginative aus dem Feld des unbewussten Begehrens. Und das Symbolische, das unbewusste Wort-Wirkende, ein *Es Spricht,* der Sprechtrieb, wird durch den Tunnel, durch die défilés der Signifikanten dargestellt. Man sieht, dass das Wort-Wirkende durch den unbewussten Tunnel schneller hindurch kommt, indem es beim Menschen eine starke Dominanz angenommen hat, aber durch die fluiden, in sich differenten Signifikanten wird eine effektvolle Kommunikation wieder behindert. Das Erscheinungs-Wirkende, die Blick-Sucht, kann breit dagegen gefächert und vielschichtig, von seiner Quelle bis zu seinem Ziel vordringen, aber durch seine Vielschichtigkeit, die Mehr-Bedeutungsform und Uferlosigkeit des typisch Bildlichen nur langsam und ungebündelt vorankommen.

Natürlich wäre es von Vorteil, wenn man mit tiefen, also den gebündelten Blicken in alles hineinsehen könnte und mit einem vollen Sprechen alles perfekt kommunizieren würde. Das ermöglicht einem die Psychoanalyse nicht, aber die *Analytische Psychokatharsis* vermag dazu einen größeren Beitrag zu leisten. Sie ist nicht so sehr auf die Deutung der Beziehungen zu den zonalen, also an Körperzonen gebundenen Trieb-‚Objekten' fixiert, denn man kann in ihr auf ein noch grundlegenderes ‚Objekt' treffen, das einige Psychoanalytiker und auch der Philosoph Heller-Roazen das Berührungs-‚Objekt' nannten.[21] Damit kommt man ebenfalls zu dem ‚Bei sich sein als

---

[21] Heller-Roazen, D., Der innere Sinn (The Inner Touch), Archäologie eines Gefühls, Fischer (2012)

Anderem‘, der/das mindestens so nahe wie das Paralleluniversum ist, das ja auch ideal den psychisch *Anderen* repräsentiert. Wie erwähnt komme ich vor allem im Kapitel 7 darauf ausführlich zurück, denn es lässt sich damit ein größerer therapeutischer Effekt erreichen als in der herkömmlichen Psychoanalyse, der Astronomie oder anderen Verfahren.

3. S'ist heruntergekommen

Irgendwann nach den animistisch fühlenden Frühmenschen, den Neandertalern oder noch späteren Vorfahren, muss es gewesen sein, dass die Menschen glaubten oder die dumpfe Empfindung hatten, dass sie nicht geliebt würden. Sie hatten nur den blanden, stuporösen Sex und nicht den, den man in Anführungszeichen setzen muss, und der dann genau diese Lücke füllen würde, die das Unwohlsein des Nicht-Geliebt-Werdens erzeugte. Sie erfanden deswegen einen Gott, dem sie unterstellten und bezüglich dessen sie sich sicher waren, dass dieser alle Menschen lieben würde. Sie sprachen zwar nicht in dieser flapsigen und hohlen Art von ihm, wie ich es erst vor einiger Zeit von einem Religionslehrer gegenüber einem Schüler bei der Abschlussfreier einer Fachabitur Klasse gehört habe: „Gott liebt dich, Gott liebt dich, so einfach ist das". Er sprach eben bereits in der ‚unpassenden' Form von Ihm, in der heute alle reden.

So einfach und so leer, hölzern und herzlos, wie dies klang, handelte es sich wohl um die gleiche dumpfe Empfindung, die wie bei den Frühmenschen nichts Klares vermittelt. Ein anderes Mal erlebte ich Ähnliches bei einer Ansprache eines evangelischen Landesbischofs, der das Wort Caritas stark auf dem i betonte, also Car í tas sagte, das wie ein spitzer Stich in die Seele der Zuhörer wirkte, obwohl die meisten dies vielleicht gar nicht bemerkten.

Selbst wenn der Bischof die Betonung auf das a gelegt hätte, man hätte sich an irgendeine Pflegeorganisation erinnert, und so verstehen es die Kirchen ja auch: Du bist bei uns religiös pflegeversichert, du brauchst dich um nichts zu kümmern, wir machen das schon für dich.

In eine ähnliche Richtung geht auch die Geschichte, die der Literaturkritiker und Redakteur der ZEIT, Volker Weidermann, über Hermann Hesse und dessen Buch bezüglich seines Bruders Hans veröffentlichte. „Äußerlich hatten die Brüder beinahe nichts gemeinsam, aber innerlich waren sie, in der Erinnerung Hermann Hesses selbst, beinahe Zwillinge. . . Einmal, am Weihnachtsabend, Hans sieben, Hermann zwölf Jahre alt, sieht der große Bruder den Glanz des vollkommen Glücks in den Augen des Kleinen im Angesicht der Kerzen und Geschenke. Im ersten Moment verachtet er den Staunenden. Im zweiten weiß er: Ihm selbst ist dieses Glück, dieses vollkommen unverstellte Erfüllt-Sein vom Augenblick, für immer verloren. Er weiß: Dies hier, dieser Moment, das wird für immer das Beste bleiben, was im Leben geschehen kann. Unbewusstes Strahlen aus dem Innersten heraus".[22]

„Der Ältere erkennt in einem Erkenntnis-Flash die eigene Vertreibung aus dem Paradies. Der Jüngere steckt noch mittendrin" in dieser Art des Geliebt Seins. Auch der

---

[22] Weiermann, V., Hermann Hesses Erinnerungen an seinen kleinen Bruder Hans, der sich das Leben nahm, DIE ZEIT Nr. 21, S. 45

Philosoph G. W. F. Hegel hat darauf hingewiesen, indem
er schrieb, die Menschen hätten den ursprünglichen Lebensgenuss verloren, weil sie ihn mit der Sprache über-
tüncht und abgetötet hätten.[23] Das passierte vor allem, als
die Sprache zur Domäne der sozialen Verbindung wurde,
samt dem dazugehörigen Gott. Lacan meinte jedenfalls,
„dass Gott existiert aber nicht mehr als wir",[24] denn
alle sind wir im Realen, im Wirkenden sprachlicher
Verheißungen (*Es Spricht*) und topologischer Knoten
(*Es Strahlt*) vorhanden. Gott existiert, aber er ist ein
Körper ohne Gestalt und ohne jegliche menschliche Zu-
schreibung, ohne Anthropomorphie, wie sie die Menschen ja auch bei den Tieren praktizieren, die dann diffe-
renziert sprechen können und eine menschliche Mimik
haben. Gott als der unbewusst *Andere* in einem jeden
selbst, liebt einen mit einer Liebe die nicht erkennbar ist
und somit absurd erscheint.

Aber es ist ebenso klar, dass ich, in dem Moment, wo ich
diese Sätze schreibe, mich auch an den groß zu schreibenden *Anderen* wende, wobei ich irgendwie und irgendwo und irgend-eigentlich auf eine Reaktion oder gar
eine Antwort zu hoffen glaube. Doch dazu muss man sich

---

[23] Hegel, G. W. F., Werke 4 auf der Grundlage der Werke von
1832-1845, Suhrkamp (1970) S. 52
[24] Lacan, J., Seminar IX, Lacan-entziffern.de, Vortrag vom 17. 1.
1962

wieder zurück entwickeln, zurück zu dem urtümlichen Lebensgenuss, zum autochthonen Genießen des kleinen Hans oder der Frühmenschen. Anders gefragt: warum brauchen die Menschen überhaupt das Gefühl geliebt zu werden? Wäre es nicht besser, sie würden sich selbst lieben, freilich nicht narzisstisch, sondern autochthon, oder wie Freud meinte: autoerotisch, also aus dem innersten Körpergewebe heraus. Denn das geschieht von selbst und war bei den Frühmenschen gang und gebe. Sie hatten zwar nicht die Bequemlichkeiten von heute, dafür aber das Berührungs-‚Objekt‘, den ‚Inner Touch‘.

Auf jeden Fall will ich damit von vornherein klarstellen, dass ich eigentlich besser nichts sagen würde, es sei denn, ich kann es so schreiben, dass *Es* sich liest. Das ist kein Blödsinn, auch Lacan behauptet dies, nämlich dass am Ursprungspunkt des Sprechens eine bestimmt Form des Lesens gestanden habe.[25] „In der ersten Beziehung des menschlichen *Subjekts*, in dem, was es zurückprojiziert“ – ich verspreche, dass ich so komplizierte Sätze nur noch ein oder zweimal verwenden werde und es danach ganz einfach wird, aber zur Präzision ist es manchmal notwendig, sich nicht ganz leicht verständlich auszudrücken – also: „In der ersten Beziehung des menschlichen *Subjekts*, in dem, was es zurückprojiziert,

---

[25] Lacan, J., Seminar IX, Lacan-entziffern.de, Vortrag vom 12. 1. 1962

allein schon dadurch, dass es sich mit seinem Sprechen, zunächst stammelnd, dann spielerisch, ja verworren, in den gemeinsamen Diskurs einbringt, in dem also, was es hinter seinen Akt zurückprojiziert, stellt sich das Etwas her", das „im Sinne eines Gewesen-Seins" ins Unbewusste verdrängt ist und dem das *Subjekt* viel mehr unterstellt ist als dem Bewussten.[26] Bei sich sein als *Es* liest, was etwas ganz Ursprüngliches, Elementares ist.

Das heißt, der erste Mensch, der gesprochen hat, hat sich nicht etwas ausgedacht, hat auch nicht etwas nachgeplappert oder von sonst woher gehört, sondern hat etwas in den Dingen, in den Augen anderer, in dem fast ‚Visionären' von diesem Etwas des Erscheinungs-Wirkenden ‚gelesen' und aufgenommen, in dessen Überraschung, Taumel, Verwirrung, er zu Sprechen begann. Da war demnach schon etwas geschrieben, gemalt, gezeichnet und als Bedeutungs-Zeichen (Signifikanten) erstellt, was zumindest heißt: etwas Bejahendes, Positives. Denn die Sprache am Anfang, der Beginn der verbalen Kommunikation, kannte keine Verneinung. Erst mit zunehmender und komplexer werdenden Sprechweise gerieten stückweise und schließlich richtig happig Verneinungen, Negationen, ins alltägliche Reden und in die zwischenmenschlichen Gespräche. Schon Freud hatte erklärt, dass

---

[26] Lacan, J., Seminar IX, Lacan-entziffern.de, Vortrag vom 17. 1. 1962

das Unbewusste nur bejahend und positiv intoniert ist, der zu viel bewusst denkende Mensch hat das Nein in die Kommunikation hineingebracht und *Es* damit weitgehend vermurkst.

Ich zitiere dazu einen weiteren Text Lacans aus dem gleichen Seminar: „Der Philosoph R. Descartes konnte noch nicht sehen, dass wir es an seiner Stelle wollen können, dass nämlich etwa hundertfünfzig Jahre nach seinem Tod die ‚Mengenlehre' entsteht – sie hätte ihn begeistert –, wo selbst noch die Zahlen 1 und 0 nur Gegenstand einer buchstäblichen Definition sind, einer rein formalen axiomatischen Definition, neutrale Elemente sozusagen. Er hätte sich den wahrheitsliebenden Gott [den er nicht entbehren konnte, obwohl er dies gerne getan hätte, um rein der Philosophie zu gehorchen], sparen können, da der betrügerische Gott nur derjenige sein konnte, der bei der Lösung der Gleichungen selbst schummelt. Aber das hat noch nie jemand gesehen, es gibt kein Mirakel der Kombinatorik, abgesehen von dem Sinn, den wir ihr geben. Wenn wir ihr einen Sinn geben, ist das jedes Mal bereits suspekt".

„Aus diesem Grunde existiert das Wort, nicht jedoch der Gott von Descartes. Damit Descartes' Gott existiert, müssten wir einen kleinen Ansatz eines Beweises für seinen eigenen Schöpfungswillen auf dem Gebiet der Mathematik haben. Nun ist es aber nicht der Gott, der das Transfinite (das Jenseits der natürlichen Zahlen) von

Cantor erfunden hat, das sind wir Menschen gewesen. Und dies ist der Grund, weshalb die Geschichte uns bezeugt, dass die großen Mathematiker, die den Bereich jenseits der göttlichen Logik erschlossen haben – zuallererst Euler –, große Angst hatten. Sie wussten, was sie [sozusagen blasphemisch] taten; was ihnen begegnete, war nicht die Leere des Ausgedehnten des cartesischen Schritts – die , Pascal zum Trotz, letztlich niemandem mehr Angst macht, da man sich ermutigt, sie in immer weiterer Entfernung zu bewohnen –, sondern die Leere des *Anderen*, ein Ort, der unendlich viel schrecklicher ist, da dort jemand sein muss".[27] Es erinnert an den Golem, der existiert, aber den niemand sieht.

Im Austausch mit der KI (ChatGPT) hat man immer das Gefühl, dass ein Er, ein Jemand, dahintersteckt, obwohl es mehr oder weniger ein Es ist, eine Maschine, die man personifiziert. Der/das *Andere* steht bei Lacan für das ebenso sin bisschen personifizierte Unbewusste, denn das Unbewusste ist ja nicht einfach nur das Nicht-Bewusste, auch nicht das Unter-Bewusste, sondern eher ein Gegen-Bewusstes, eben *Anderes*. *Es* ist aufgebaut w i e die Sprache des *Anderen*, wie ein *anderer* Diskurs, eine *andere* Weise sich auszudrücken. Natürlich hat man so auch früher die Natur gesehen als etwas *Anderes*, das

---

[27] Lacan, J., Seminar IX, Lacan-entziffern.de, Vortrag vom 17. 1. 1962

zwar animistisch genauso seelisch belebt war wie man selbst, und mit dem man lebendig kommunizieren konnte, wenn auch nur in mythisch-mystischer Form. Und heute, wo der/das *Andere* ebenfalls so wie Gott nicht mehr existiert als wir selbst existieren, frägt sich, wie man mit ihm umgehen kann. Denn Beten nützt nichts, man muss direkt mit ihm reden, indem man *Es/Ihn liest*. Da liegt der Haken aller bisherigen Missverständnisse. Das Lesen, eine Kombination aus Schau- und Sprech-trieb, aus Erscheinungs- und Wort-Wirkendem, war vor-her da, lange vor Gott und vor allem anderen als Urform von ‚Sex als Logik‘, vom ‚Genießen des Realen, das das Reale des Genießens ist‘, vom Berührungs-‚Objekt‘ (nochmals: ich nehme zu allem in Kapitel 7 Stellung)

Denn aus dem oben Gesagten ergibt sich leicht die Vor-stellung, dass zurück zu den Wurzeln, hin zum Unbe-wussten, hin zum *Anderen*, das zu Lesende wichtiger sein könnte, als das ganze Gelabere, was heute nicht nur im Alltag, sondern auch in Religion, Philosophie und Wis-senschaft, etc., produziert wird. Schließlich „besteht un-ser Bemühen um die Organisation der Welt, die logische Bemühung, genau genommen darin, das Verschiedene auf das Identische zu reduzieren, Gedanken mit Gedan-ken, Aussagen mit Aussagen zu identifizieren, in unter-schiedlich artikulierten Beziehungen, die das eigentliche Gerüst dessen ausmachen, was man *formale Logik* nennt. Womit sich das Problem stellt, . . . ob nicht tatsächlich

jede Wissenschaft, jedes Wissen, jede geordnete und ar-
tikulierte Welterfassung zu einer Tautologie [einer
Selbstwiederholung, einer Scheinargumentation], führen
muss".[28]

Es dreht sich alles nur ums Wissen und nicht um die Wissenschaft oder gar die Weisheit selbst; also nicht um das,
was sie verifiziert, authentifiziert und am Realen teilnehmen lässt. Und so kann ich mein Versprechen, nichts
mehr zu sagen, schon gar nichts Kompliziertes, und nur
noch den *Anderen* zum Lesen zu geben, einhalten. Dazu
gehe ich zurück zu dem Punkt, der dem oben gerade erwähnten Gelabere samt moderner Wissenschaft zuvor
liegt, nämlich zu der „Vorstellung einer ursprünglichen
Gleichzeitigkeit zwischen der Schrift und der Sprache
selbst; dass das Sprechen die Schrift . . nicht so sehr erschafft, als sie eben vielmehr *liest* ".[27] Die Schrift, das Lesen, die Deutung der sprachlichen Zeichenkombinatio-
nen, die schließlich über das Stadium der Hieroglyphen
hinausgegangen und bis zu den Algorithmen gekommen
ist – in Lacans Worten: „die Entstehung der Signifikanten
(der Bedeutungseinheiten) auf einer bestimmten Ebene
des Realen – sind für uns zweifellos das Wichtigste".

Den Begriff des Algorithmus kennt inzwischen jeder, der
einmal etwas über künstliche Intelligenz gehört hat. Es

---

[28] Lacan, J., Seminar IX, Lacan-entziffern.de, Vortrag vom 10. 1.
1962

handelt sich um eine Rechenaufgabe, die zusammen-ge-packteste Schrift ist, und die man also lesen und sprechen lassen kann. Doch die KI bleibt an den Ziffern hängen, sie kann nur Zahlenzeichen lesen, von der Ebene der Tautologie kommt auch sie nicht weg, indem sie nur das behauptet, was schon behauptet worden ist, eine Art der Selbstwiederholung. Ich will jedoch hier, bei der *Analytischen Psychokatharsis*, einen Algorithmus rein auf der lexikalischen, sprachlichen, wort-wirkenden Ebene liefern, der keine Tautologie ist, sondern eine Schlüsselerfahrung, ein Sprache/ Schrift Element, das man lesen kann, um schließlich authentisch aus sich selbst heraus, aus dem Unbewussten heraus, wirklich und voll sprechen zu können. Zu sich und zu anderen. Ich nenne diese Formulierung *Formel-Wort*.

Die oben nebenstehende Abbildung kann dies vermitteln, weil bei ihr von jedem Buchstaben aus im Uhrzeigersinn gelesen eine andere Bedeutung herauskommt. Ich habe dieses rein f o r m a l e ‚sprachlich-kristalline‘ Element schon im ersten Kapitel erwähnt und darauf hingewiesen, dass es in der Meditation, bzw. in der meditativ gestalteten ersten Übung der *Analytischen Psychokatharsis,* seelisch stärkend und therapeutisch hilfreich ist. Verwendet ist in der obigen Abbildung die lateinische Sprache, aber man könnte auch jede andere nehmen. Man wiederholt rein gedanklich eines oder bis zu fünf derartiger *Formel-Worte* und achtet dabei auf das Erfahren des kathartisch Luziden oder des ‚Inner Touch‘, des inneren Sinns, des Berührungs-‚Objektes‘, wie ich es von Heller-Roazen zitiert habe.

Angefangen beim E heißt es: ENS, das Sein, CIS, diesseits, NOM, vom (abgekürzt) Namen. Also das Sein diesseits des Namens, egal was das heißen mag. Aber man könnte auch lesen: SCIS NOMEN, du weißt den Namen. Oder CIS NO, MENS, diesseits schwimme ich, oh Geist. MENS CIS NO, der Gedanke diesseits von No (vom Nein). OMEN SCIS N, du kennst das Omen N. Schließlich C IS NOMEN S, hundert dieser Name S, usw. Eigentlich genügen drei verschiedene dieser etwas skurrilen Bedeutungen, um die Disparität, die Unvereinbarkeit eines gemeinsamen, geschlossenen Sinns aller Bedeutungen zusammen erkennen zu können. Denn das ist der Sinn: wiederholt man rein gedanklich diese Formulierung, wird das Unbewusste, der/das *Andere*, herausgefordert, von sich etwas herauszugeben. Diese rein mentale Meditation einer Formulierung, die durch Überlappung mehrerer Bedeutungen keine sinnhafte Bedeutung mehr hat, ist das intensivste ‚bei sich sein als *Anderer*‘.

Nochmals in Kürze: das sprach/schriftliche Element, das Lacan als das Wichtigste seiner psychoanalytischen Wissenschaft deutlich gemacht und akzentuiert hat, findet hier seine praktische Anwendung. Denn das *Formel-Wort* enthält eine ausgesprochen sprach/schriftliche, Wort/Bildliche Struktur, die entscheidend für das Unbewusste, für das basal seelische Leben ist. Die KI kann so etwas nur auf Wahrscheinlichkeits-Statistiken, Ähnlichkeiten und bestimmten Klassifizierungen annähernd dahin bringen, dass man daraus einen Text machen kann. Es handelt sich nicht um das Eigene, das eigene Unbewusste, das in einem als verdrängt Verschlüsselte, sondern nur um einen ‚stochastischen Papagei‘, einen zufälligen oder auch ‚Bullshit Generator‘ bezeichneten Textersteller, der nicht weiß, was er macht, nämlich Tautologie. Dagegen weiß das Unbewusste sehr wohl, was es macht, nämlich den unter der Wasserlinie befindlichen Eisberg der Seele und dessen im *Anderen* dialogisierbares, eigentliches, Wissen zu enthüllen.

So wird Psychoanalytisches mit Meditativem, Algorithmisches mit Animistischen, bildhaft Erscheinungs-Wirkendes mit signifikant Wort-Wirkendem als urhaft Lesbaren verbunden. Es ist nicht Wiederholungszwang wie bei Freud, sondern ein wieder herholen des Bejahenden, Positiven. Die Psychoanalytikerin A. Bitsch schreibt, dass „die schlechte Wiederholung [die bei Freud den ‚Todestrieb‘ ausmacht, da man nur stupiden, tautologischen Wiederholungen unbewusst folgt] sich stets auf eine ‚Washeit‘, auf ein Objekt oder eine Idee bezieht . . . einen mit sich identischen Begriff, während die gute Wiederholung das Subjekt selbst als ein Medium, als die

Operationalisierung von Ur und Sache bis hin zur wahren Ursache führt".[29]

Die meditativ, gedanklich, wiederholten *Formel-Worte* entleeren das Unbewusste, befreien die Seele von störenden bewussten Zwischenrufen, und erreichen so die Aussagen, die ich Identitäts- oder *Pass-Worte* nenne. Sie können innerlich gehört werden, wie ich es schon bei Handke und Augustinus erwähnt habe. In seinem Kommentar zur Logik kommt Lacan zu dem gleichen Schluss, nämlich dass die Logik, die er auch eine Wissenschaft des Realen nennt, die Funktion hat, „die Wörter ihrer Bedeutung zu entleeren, so dass man sie durch Buchstaben ersetzen kann", wie es auch die Mathematik handhabt, wo f, x, a oder α (alpha), β (beta), γ (gamma) und andere verwendet werden, um präzise Aussagen zu machen. Und so funktionieren die ausgelöschten Bedeutungen im *Formel-Wort* (sie löschen sich als einzelne durch viele, sich überlappende Bedeutungen aus) eben genau dadurch, dass sie – wie beim Versprecher – Buchstaben freilegen, die im Unbewussten die genau passende Antwort anstoßen. Es verhält sich total vergleichbar der Antwort aus dem logisch Realen oder aus dem mathematisch zu Berechnenden, um die Antwort aus dem unbewusst Verdrängten oder seelisch Abgespaltenen zu erhalten, also aus dem, was unbewusst drängt, gehört zu werden.

---

29 Bitsch, A., Diskrete Gespenster, transkript (2011) S. 121

Das durch die *Formel-Worte* zur Aussage dieses nach außen Drängens provozierten Unbewussten lässt sich wie bei Handke als eine unwillkürliche Selbstäußerung verstehen, die – wie gesagt – innerlich als *Pass-Wort* gehört werden kann, und wozu ich gleich ein Beispiel geben möchte. Vor längerer Zeit hörte ich so bei der Übung der *Analytischen Psychokatharsis* wie von ferne her, aber doch irgendwie erkennbar als etwas von meinem eigenen unbewussten Denken, die Phrase: „S'ist heruntergekommen". *Es* ist heruntergekommen? Mir war schnell klar, was gemeint war. Heruntergekommen vom Unbewussten innen/oben, vom Freud'schen *Es,* sind alle diese meine nicht immer klaren Sätze, die ich schreibe.

Rein freudianisch könnte man vielleicht denken, es ist zur Ejakulation oder zu einem sexuellen Flash gekommen. Aber das war es nicht. Der ‚Sex' ist zu meiner Logik/Unlogik heruntergekommen, ich glaube, das passt besser. Derartige *Pass-Worte* lassen sich meist leicht deuten und ins bewusste Leben integrieren. Das verhält sich ja schon bei manchen Träumen so, von denen bereits Freud sagte, dass sie sich aus dem Unbewussten heraus direkt verstehen lassen. Und dass ich von Unlogik rede, hat damit zu tun, dass die Logik ja gar nicht die Wissenschaft *dominiert*, sondern – wie Lacan bemerkt – sie nur *definiert*.[30]

---

[30] Lacan, J., Séminaire XXII, Staferla free, S. 99

Sie definiert sie präzise zahlenmäßig, genauso wie dies auch die KI praktiziert. Die eigentliche, wirklich fundierte Logik, kommt nur dann zu Stande, wenn sie – wie jetzt schon zu oft erwähnt – nicht vom nüchternen Verstand und von seelenloser Kombinatorik, sondern vom ‚Sex‘ her stimuliert wird. Der Verstand fixiert die Dinge, macht sie leblos, während das Begehren, die libidinöse Aufmerksamkeit, sie geradezu erschafft und lebendig macht. Damit das Ganze aber in die richtige Richtung geht, braucht es eine an Psychoanalyse und Meditation orientierte Methode, die sie vom Einzelnen her, vom Subjekt her, entfaltet, wodurch es auch beglückend sein kann. Beides muss zu seinem Recht kommen, ‚Sex‘ und Logik.

4. Die Futuristen

Für meine Untersuchung in diesem Buch, in der ich also ein ‚selbstanalytisches Verfahren‘, eine Selbsttherapie als etwas *Anderes*, als einen *Anderen* im Unbewussten darstellen will, genügt dies alles, was ich bisher erwähnt habe, nicht. Auch wenn ich mit der angekündigten Praxis das Parallel und Anti-Parallele, das bildlich Erscheinende und buchstäblich Wort-Wirkende ins Spiel bringe, habe ich darüber hinaus auch noch die Welt der KI und sie begleitender Umstände, sowie die Welt des Menschen aus Sicht des in der Psychoanalyse im Mittelpunkt stehenden Subjekts im Sinn. Ich will diese modernen, sich so in den Vordergrund drängenden Technologien der KI, speziell der in Form der LLM (Large Language Method), der künstlichen Sprach- und Sprech-Programme die Digitalwelt überflutenden Methoden für einen Vergleich mit der Psychoanalyse Lacans nutzen, um daraus endgültig mein Verfahren der Selbstpraxis, das ich *Analytische Psychokatharsis* genannt habe, beweiskräftig als eine Wissenschaft v o m Subjekt erstellen zu können.

Noch vor nicht langer Zeit konnte die KI wie alle Computersysteme nur sequenziell arbeiten, das heißt, nur eine Aufgabe nach der anderen, aber nicht gleichzeitig mehrere nebeneinander lösen. Das Gehirn arbeitet jedoch mit letzteren und weiteren netzwerkartigen Verschaltungen, die komplexere Aufgaben bewältigen können, und so hat inzwischen auch die KI ‚gelernt‘, derartige nebeneinander laufende Systeme zu nutzen. Man spricht auch von konnektionistischen Verfahren, was ebenfalls heißt mit netzwerkartigen Strukturen vorzugehen, die bezüglich der KI allerdings weiterhin den Nachteil haben, dass sie nicht wissen, was sie tun. Man kann sie nach dem Rechenvorgang, den sie durchführen, nicht befragen, was zum Beispiel die bekannten ‚Halluzinationen‘ der KI erklärt, die auch in den besten Anwendungen noch vorkommen und wohl immer vorkommen werden.

Trotzdem haben sich die Rechenleistungen der KI in dem letzten Jahren exponentiell vermehrt, so dass der Informatiker Ray Kurzweil, der immer schon als ein gewisser Exzentriker galt, in einem neuen Buch behaupten konnte, dass bereits im Jahr 2029 die sogenannte Singularität erreicht würde. Unter Singularität versteht er, dass menschliche und auf KI basierende Intelligenz völlig gleichwertig würden.[31] Man kann dies mit dem Instrument messen, das man den Turing-Test nennt. Turing war der bekannte Informatiker, der im zweiten Weltkrieg die militärische Geheimsprache der Nazis entschlüsselte. Sein Test besteht darin, dass ein Mensch und ein Computer in einem Raum eingeschlossen sind, und ein anderer Mensch außerhalb erraten muss, von wem Rede und Antworten aus

---

[31] Kurzweil, R., Die nächste Stufe der Evolution, Piper (2025)

dem abgeschlossenen Raum kommen, wenn man mit ihm kommuniziert.

Kann der Außensitzende auch über sehr lange Zeit nicht mehr unterscheiden, was vom Menschen oder von der KI im Computer drinnen kommt, hat die KI menschliche Intelligenz. Damit ist also die Singularität erreicht. Und nun? Schon die neuesten über ChatGPT-4 hinausgehenden LLM (Lange Language Methods), die nicht nur einwandfreie, schlaue, wohldurchdachte Sätze bilden können, erfassen nicht nur grammatisch Form und Inhalt, sondern auch Hintergründiges wie nur ironisch Angedeutetes und andere Feinheiten. Angeblich würden heute mit GPT-4.5 73 Prozent der Tester überzeugt worden sein, dass die angewendete KI ein Mensch gewesen sei.[32] Dennoch gibt es mit der KI große Schwierigkeiten bei starken Abstraktionen oder beim sogenannten realistischen Weltwissen.

„Wenn man einen Hund hat und beim Nachhausekommen eine zerbrochene Vase findet, kann man herleiten, was geschehen ist. Aber mit dieser lebenspraktischen Fähigkeit hat die KI immer noch Probleme", schreibt Kurzweil. Genauso gab ChaGPT-4 auf meine Frage nach dem Abstand zwischen Zeigefinder und Daumen beim Anfassen eines Papierblattes ‚Mehrere Zentimeter' an. Sie hat

---

[32] Bernau, P., Jetzt werden die Computer richtig schlau, FAS vom 20. 4. 2025, S. 20

keine Vorstellung oder Erinnerung dafür, dass Papier hauchdünn ist, aber selbst, wenn sie das hat, weiß sie nicht genau, wie das Papier angefasst wird. Man könnte es ja in der Mitte anfassen, wo es etwas zerknüllt würde. Trotzdem würden nicht ‚mehrere Zentimeter' daraus. Man müsste ihr das erst antrainieren wie bei Millionen anderer Dinge auch.

Noch schlechter ist das Verständnis der KI für Witze, wie M. Martens beschreibt.[33] Er erzählt Chat-GPT-4 einen Witz, dessen Pointe die KI erst nach achtmaligen, weiteren Erklärungen, die fast schon Lösungen bedeuten, versteht, bzw. eine Pointen nahe Lösung liefert. „Irre", schreibt er, wie die KI herumtastet, was die Pointe sein könnte. Danach will Martens, dass die KI auch ihm einen Witz erzählt, doch nach dreimaligen Versuchen, die alle in zwei, drei völlig witzlosen Sätzen enden, gibt Martens auf und erklärt, warum man sich vor dieser KI absolut nicht fürchten muss.

Auch das Kontextgedächtnis ist total schlecht, so zum Beispiel, wenn nach Inhalten in einem Buch gefragt wird, und es notwendig ist, zu wissen, was fünfzig Seiten vorher erzählt und der KI gesagt wurde. Die KI kann den sozialen, logischen und psychologischen Zusammenhang einer Geschichte nicht fortführen. Ihr fehlt ein Verständnis für den gesamten Plot. An unbewussten Interaktionen

---

[33] Martens, M., Ah, jetzt verstehe ich, FAS vom 27. 4. 2025, S. 10

mangelt es total. KI kann sich nicht in andere hineinver-
setzen, wenn diese ganz anders denken als sie selbst tickt,
und kann schon gar nicht erkennen, wann Lügen – wie in
einem aufgebrachten Dementi – Wahrheiten sein können.
Vor allem ist sie besessen sich mit Schmeicheleien einzu-
schleimen, wie man ständig hört. Von all diesen Proble-
men her gesehen glaube ich demnach nicht, dass die KI
den Turing Test im Jahr 2029 wenigstens annähernd zu
hundert Prozent bestehen wird. „Aber auch bei allen Aufgaben, bei denen am Schluss das Misstrauen gegenüber
unkontrollierter Technik zu groß ist, werden die Probanden statt bei der KI beim Menschen bleiben".[32] Die Menschen spüren, dass die KI weder ‚Sex' hat noch daraus
Logik entwickelt, auch wenn man bei der Anwendung
von ChatGPT glaubt, sie sei ein anderer (klein geschrieben).

Auf die Frage, was ein Kalauer ist, erzählte ChatGPT mir
den angeblichen Witz: ‚Warum können Geister so
schlecht lügen? Weil man durch sie hindurchsehen kann'.
Ich fand dies nicht logisch, denn könnte man Lügen sehen? ChatGPT: ‚Sehr guter Punkt'- und dann kamen von
der KI lauter völlig unpassende Vorwände, wie man Lügen sehen könnte. Meine Entgegnung, dass es beim Lügen um die Verleugnung der Wahrheit geht, schreibt
ChatGPT: ‚Du hast absolut recht', und grummelt dann
mit weiteren Fragwürdigkeiten herum, um zum Schluss
zu sagen, dass sie mir noch mehr über das Thema

erzählen könnte. Damit wehrt sie – psychoanalytisch gesagt – ihre Unfähigkeit und Unlogik ab, um weiter existieren zu können.

Und damit fallen auch viele andere Prophezeiungen weg, die Kurzweil in seinem Buch für die Ende der dreißiger Jahre aufgestellt hat. So würden in dieser Zeit schon viele Individuen herumlaufen, denen man Elektroden in Nanogröße ins Blut gespritzt hat, die sich dann im Gehirn einlagern, so dass diese Leute mit deren Hilfe ein zweites Gehirn mit ungeheuer vielfacher Rechenleistung in sich tragen könnten. Allerdings ist die eigentliche so vermittelte Gehirnleistung irgendwo in einer Cloud gespeichert, auf die diese digital hoch aufgemotzten Leute zugreifen müssten. Abgesehen davon, dass so etwas um jene Zeit – also von jetzt an in zehn bis zwanzig Jahren – nicht realisiert sein wird, ist es so oder so eine Horror-Vorstellung.

Denn was passiert, wenn die Cloud defekt ist oder die Elektroden in ihrem Nanobereich einen Wackelkontakt haben? Es könnte sein, dass sie pro Sekunde tausende von Meldungen abgeben, und man das dann nicht abstellen kann, weil man in diesen Miniaturbereichen der Nanotechnik lange nicht merkt, welche Katastrophen sich ereignen. Außerdem, warum braucht man so viel Wissen in der Cloud, wenn man mit einem Griff zum Handy alles nachlesen kann, was man wissen will. Die halbe Sekunde Verzögerung bei diesem Griff im Verhältnis zum aktivieren der Cloud, ist doch nicht der Rede wert. Und warum sich überhaupt abhängig machen vom großen Bruder der IT-Technologie oder des Daten-Imperiums?

In seinem Buch 1984 beschrieb der Schriftsteller George Orwell bereits vor achtzig Jahren einen totalen Überwachungs- und Unterdrückungs-Staat mit dem bekannten Spruch: ‚Big brother is watching you', was den Horror für die Menschen von außen her darstellte, aber mit Kurzweils Doppelgehirn, wird der Horror von innen kommen. Bei Orwell konnte man vielleicht noch in den Wald flüchten, aber dem Cloud-Gehirn bliebe man ausgeliefert. Ich werde auf diese Dinge noch zu sprechen kommen, denn vieles was Kurzweil propagiert wird sicher eintreten, so auch das Problem des sich selbstständig Machens der KI, deren Gefahr aber nicht von ihr aus gehen wird, sondern von den Kriminellen, die sie bedienen können.

Das ist ja jetzt schon der Fall (Falschinformationen, Wahlbeeinflussungen, Gesichtsemotion-Erkennung am Arbeitsplatz, etc.). Das wird jedoch im Fall des asiatischen Pokerface nicht gelingen, dort lächelt man milde, während in einem der Hass tobt, was selbst ein erfahrener Mensch nicht immer erkennt, aber die KI schon gar nicht. Doch sie denkt sich nichts dabei, wenn sie irrt. Sie ist selbst das Pokerface, das einem frech ins Gesicht lügt, denn sie nutzt das von mir erwähnte Fluide der Sprache rücksichtslos aus und halluziniert notfalls unverdrossen vor sich hin. Freilich merkt das manch ahnungsloser und unbedarfter Leser nicht immer.

So berichtet Amnesty International, dass „die Algorithmen des Facebook-Mutterkonzerns Meta und dessen rücksichtslose Gewinnmaximierung wesentlich zu den Gräueltaten des myanmarischen Militärs gegen die ethnische Gruppe der Rohingya im Jahre 2017 beigetragen haben. Amnesty International fordert von Meta Entschädigungszahlungen an die Betroffenen. Im August 2017 flohen mehr als 700.000 muslimische Rohingya aus Myanmar, als Sicherheitskräfte in einer großangelegten Offensive systematisch Angehörige der Minderheit töteten, vergewaltigten und ihre Häuser niederbrannten. . . . In den Monaten und Jahren vor dem gewaltsamen Vorgehen der Streitkräfte war Facebook in Myanmar zu einem massiven Verstärker für Rohingya-feindliche Inhalte geworden".[34]

„Der Bericht zeigt, dass Meta wusste, dass die Algorithmen von Facebook die Verbreitung von solchen Hassbotschaften in Myanmar stark vorangetrieben haben. Trotzdem blieb das Unternehmen untätig. Und trotzdem passierte etwas Ähnliches wieder, als die mit Meta zusammenhängende Firma Cambridge Analytica über Internet

---

[34] Crawford, K., Atlas der KI, Die materielle Wahrheit hinter den neuen Datenimperien, C. H. Beck Verlag (2024)

Kanäle bei der US-Wahl 2016 massive Wahlbeeinflussung betrieb. Obwohl die Präsidentschaftskandidatin H. Clinton insgesamt wesentlich mehr Stimmen erhielt, wurde D. Trump aufgrund eines ausgeklügelten Systems bezüglich der Wahlmänner zum Präsidenten gekürt. Cambridge Analytika prahlte sogar damit, die Wahl in dieser Richtung mitbeeinflusst zu haben. Der Skandal war groß, so dass die Firma nach juristischen Interventionen später schließen musste, aber an der Wahl änderte sich nichts mehr. Dass Trump überhaupt 2024 noch einmal antreten und gewinnen konnte, war nur gering Folge von Internet Manipulationen, sondern ein Fehler der demokratischen Gegenpartei, die nicht frühzeitig genug den regierenden und neurologisch kranken J. Biden aus dem Rennen zog.

Schon die Vorahnung solcher Phänomene, wie andere, den Orwellschen Horror weit übertreffender Szenarien, ist eine Krux. Wie soll man richtig leben? Keine Zeit vertun, glücklich sein, bei sich bleiben, oder sich unbeeinflussbar zeigen, wenn IT-Technologie überhand nimmt? Ich glaube, dass man sich auch von höherer Warte und offiziellen Organisationen her kaum gegen diese Machenschaften der KI und IT-Technologie wehren kann. Sie wechseln die Kanäle und nutzen verschiedene Server, so wie es ja auch die kriminellen Hacker tun.

Auch dass sich selbst verstärkende Gewichtungen ein Riesenproblem der KI in den sozialen Medien darstellt,

beschreibt detailliert die darin führende Wissenschaftle-
rin Kate Crawford, Professorin an der University of
Southern California in Los Angeles und an der École
Normal Supérieure in Paris.[35] Ich muss hier nicht die
zahlreichen internationalen Auszeichnungen anführen,
die sie erhielt. Grundsätzlich meint sie, dass die KI weder
künstlich noch intelligent sei, sondern nur den Macht-
und Geldeliten dient. Schon die ungeheure Ausbeutung
seltener Erden, die die Industrie nicht selbst bezahlt, genauso wie der enorme Verbrauch nicht recycelbarer Energie, ist Punkt eins ihrer kritischen Schilderung.

Darüber wird noch dramatischer in der ZEIT vom 25. 3.
2025 berichtet, wo die Autoren schreiben, dass 2040
1.200 Kilotonnen Lithium gebraucht werden sowie 160
Kilotonnen seltene Erden. Und bereits „nächstes Jahr
wird die KI wahrscheinlich mehr Energie verbrauchen als
ganz Japan."[36] Punkt zwei von Crawfords Recherche betrifft den Missbrauch und die Automatisierung von Arbeitskräften zum Beispiel bei Amazon und die „Ausbeutung der digitalen Tagelöhner, die für einen Hungerlohn
Mikroaufgaben erledigen, damit Datensysteme intelli-
genter wirken können, als sie tatsächlich sind". Punkt
drei betrifft den Datenwucher, indem in großem Ausmaß

---

[35] Crawford, K., Atlas der KI, Die materielle Wahrheit hinter den
neuen Datenimperien, C. H. Beck Verlag (2024)
[36] Anderl, S., Novotny, R., KI frisst Erde, DIE ZEIT, Nr. 12 (2025) S,
29

private Daten und auch schädliches Datenmaterial für das KI-Training ohne Kontrolle verwendet werden.

Und schließlich Punkt vier, der die Klassifizierungs-Praktiken der KI in ihrer negativen Auswirkung schildert. Automatische Gesichtserkennung wird beispielsweise für Überwachungen aller Art genutzt, die Beurteilung subjektiver emotionaler Zustände durch solche Systeme dient bei der Auswahl von Arbeitskräften und die Klassifizierung von Rasse und Geschlecht zu einseitigen Schablonierungen. Kurz, es wird alles nur kalt und direktiv als „mathematische Parität erfasst, anstelle sich mit den eigentlichen sozialen, politischen und wirtschaftlichen Strukturen auseinanderzusetzen, die jenen Verzerrungen zugrunde liegen." Trotzdem gibt es sinnvolle KI zur Nutzung von geschäftlichen und technischen Abläufen. Natürlich kann sie in der medizinischen Diagnostik hilfreich sein, aber ein Arzt muss dies streng kontrollieren und prüfen.

Das noch größere Problem stellt jedoch die Überflutung von KI gesteuerten sozialen oder anderen Medien mit den schon oben zum Teil zitierten Falschmeldungen, Wahlfälschungen und derart weit verbreiteten Manipulationen des öffentlichen Lebens dar, so dass man bald niemand mehr trauen kann. Telefonate mit perfekt von KI nachgemachten Stimmen, Onlineverkäufe mit komplex verstellten Organisationen, Erpressungen mit KI erstellten Fotos oder gar Fake-Pornos und zahlreiche andere von KI unterstützte vorgegaukelte Technologien lassen die Zukunft zum Albtraum werden.

Dies beschreiben noch eindringlicher zwei Professoren, für Kommunikationswissenschaften, der eine im Bereich Medien- und Kultursoziologie, der andere in einem neuen Buch zum Datenmissbrauch.[37] Sie stellen die aktuelle Herstellung und Verwendung von Daten dem früheren Vorgehen des Kolonialismus gegenüber. Letzterer ging in einem Vierer-Schritt vor, nämlich im Entdecken, Expandieren, Ausbeuten und Ausrotten. Die Autoren erläutern dies an allen Formen des Landraubs und der weitgehenden Vernichtung der Ureinwohner in Südamerika, Südafrika und Asien. Und genau das Gleiche gelte für den Datenraub mit folgender Schädigung diskriminierter, ausgebeuteter und unter einem grauenhaften ‚zivilisatorischen Sendungsbewusstsein‘ missbrauchter Menschen (Unwissende, Arme, People of Color und Frauen).

Erinnert das nicht wieder an das ‚leere Ganze‘, an die große Aufgeblasenheit ohne wirklichen Inhalt, an die Aneinanderreihung blander Bedeutungen? Es ist nicht umsonst, dass die Psychoanalyse stets eine gewisse Sexuierung ins Zentrum ihrer Aussagen stellt. Das heißt, Sex (jetzt ohne Anführungszeichen) stellt keine wirkliche

---

[37] Mejias, U. A., Couldry, N., Datenraub, Der neue Kolonialismus von Big Tech, S. Fischer Verlag (2024)

Beziehung dar, sondern nur eine heftige Strebung, die eine Lücke ins Ganze des Seelischen reißt, die man dann versucht mit herrschaftlichem Gerede, mit Wissenschaft und Philosophie zu stopfen, denen nun freilich das Kernige des Begehren oder die richtige Power fehlt.[38] So wird am besten sichtbar, dass Sex und alles Gerede drumherum Scheinlogik ist. Man kann Sex nicht definieren, nicht schreiben, nicht wahrheitsmäßig vermitteln. Mein Patient hatte recht, als er monierte, dass niemand einem etwas Zutreffendes sagen kann. Man muss es mit sich allein ausmachen, vielleicht mit der kleinen Stütze der *Analytischen Psychokatharsis*. Denn „die Wahrheit begehrt gesagt zu werden, aber sie hat keine Stimme, mit der sie begehren könnte .. letztlich kann es sein, dass es niemanden gibt, der sie sagt."[39] Kein ‚Sex', keine Logik.

Lacans Spruch weist erneut darauf hin, dass die Menschen in unsinniger und begehrlicher, zum Beispiel in sexsüchtiger Weise, so mit sich beschäftigt sind, dass sie nicht merken, dass sie dabei eigentlich vor sich selbst flüchten und das Wesentliche vergessen. Was fast wie eine katholische Mahnpredigt klingt, hat in Wirklichkeit mit dem Gegenteil zu tun, nämlich dass die sexuelle Beziehung deswegen nicht existiert, weil speziell aus diesem Grund die Menschen überhaupt sprechen.[40] Es

---

[38] Lacan, J., Seminar XXI, Staferla free, Vortag vom 9. 4. 1974
[39] Lacan, J., Seminar XXIV, Übersetzung M. Kleiner, S.
[40] Lacan, J., Seminar XXIV, Übersetzung M. Kleiner, S. 48

handelt sich nur um eine Scheinbeziehung, von der man vor allem nichts Definitives vermitteln kann, die also keinen Wahrheits-Sinn hat, sondern nur leere, wenn auch bedeutungsvoll scheinendes Reales.

Eine Scheinbeziehung ist hell strahlend, aber Beziehung eben nur dem An-Schein nach. Das reale glücklich Sein, das real wirkende Genießen – das meinte wie erwähnt schon Hegel – war der ursprüngliche Zustand allen Daseins, doch der Mensch verwickelte sich in der Sprechlust, im den sogenannten ‚Herren-Diskurs‘, der zum ‚Mord an diesem ursprünglichen, sinnlichen Lebensgenuss‘ wurde, und zwar anfänglich vorwiegend im Imperativ, in der Befehlsform stattfand.[41] Für diesen ersten Herren-Menschen galt ein ‚Ich spreche, also bin ich‘ – und zwar in erster Linie – und dies ließ er die Untergebenen wissen, sowie Freud es später die Frauen wissen ließ und heutzutage der Universitäts-Professor die Studenten, wie es Lacan bei der Studentenrevolte der 68er betonte. Alles Intentionen, die an einen rigiden Parallelismus erinnern. Erst die projektiven Geometer und die Psychoanalytiker haben nachgewiesen, dass durch die Existenz des Unbewussten ein anderes, noch originäreres Sprechen (gekreuzte oder Anti-Parallelität) hervor-

---

[41] Hegel, G. W. F., Werke 4 auf der Grundlage der Werke von 1832-1845, Suhrkamp (1970) S. 52

gebracht werden kann, das das glücklich Sein vom Anfang wieder herstellen könnte.

Ich möchte überhaupt nicht gescheit daherreden, aber wie
soll man es machen, wenn man eine Wissenschaft v o m
Subjekt begründen und nichts nur wiederholen und nach-
plappern will. Am besten, man nähert sich hinsichtlich
des Problems der Wahrheit des Mensch-Seins speziell der
Psychoanalyse von Lacan an, der nachgewiesen hat, dass
das Klären des Unbewussten der einzige Weg ist, das Begehren als Topologie, als gerade-gekrümmte Logik, als
Wissenschaft v o m Subjekt zum originären Zustand des
Subjekts zurück zu führen – aber dies nicht nachplappert,
sondern es in einem anderen Diskurs weiterbringt. Denn
man kann nicht alle in Psychoanalyse schicken und sie
dann in frei gewählten Gruppierungen mit einander
kommunizieren lassen. So etwas versucht man bereits in
sogenannten Gruppenanalysen, doch dort verwischen sie
das nur in der Zweierbeziehung, im Zweikampf, sich zu
erstreitende Wahre eines neuen, anderen Diskurses.

So sehr der Gemeinschafts-Diskurs beschworen wird,
doch wenn alle das Gleiche denken, denkt keiner mehr
tief und gründlich genug, drückt sich keiner mehr in einer
völlig anderen Art zu sprechen aus, was für einen ent-
scheidenden Fortschritt unbedingt notwendig ist. Deswegen sind in der psychoanalytischen Situation der Analytiker und sein Klient, bzw. Patient, Menschen, die sich
nicht kennen und kein fest definiertes Thema haben,

sondern nur aufgefordert sind, frei und ungezwungen miteinander zu reden. Sie scheinen zuerst einmal wie Parallelen nebeneinander her zureden, doch in den Momenten, in denen nicht geredet wird, durchkämmen, durchdringen, durchwinden sich diese beiden Menschen aus ihren jeweiligen unbewussten Raumsituationen heraus gegenseitig, wodurch ein neuer, anderer Diskurs entstehen kann. Das beschrieb schon der Psychoanalytiker H. Rosenfeld in den vierziger Jahren des letzten Jahrhunderts sehr genau und zutreffend.

Er bezeichnete dieses nunmehr Anti-Parallele als ein Verschränkungs-Phänomen, indem der seelische Raum des Unbewussten des Patienten und des Analytikers sich sozusagen ineinander verschränken und großartige Deutungsmöglichkeiten zulassen, aber auch Probleme erzeugen können.[42] Es ist nicht schwer vorzustellen: schon in Alltagsgesprächen entstehen oft Beklemmungszustände, wenn lange Pausen entstehen, in denen keiner etwas sagt. Aber auch wenn sie aneinander vorbeireden, ja gerade dann, bleiben sie verschränkt. Sind sie dann 10^{-31} cm nah, und doch meilenweit entfernt, um es in kühner Analogie auszudrücken. Der ‚Sex' als solcher mündet dann leicht in ein Verschmelzungs-Begehren, das nie befriedigt

---

[42] Rosenfeld, H., Sackgassen und Deutungen, Verlag Internationale Psychoanalyse (1990) und Rosenfeld, H., Zur Psychoanalyse psychotischer Zustände, Psychosozial Verlag (2002) S. 140 und 195

werden kann oder er fehlt ganz. Selbst im sogenannten ‚Schwarzen Loch' der Galaxien kann das Allerletzte nicht ineinander aufgehen, weil wohl gerade schon der Name ‚Schwarzes Loch' irgendwie nahelegt, dass „ihre Faszination eine starke sexuelle Komponente besitzt", wie der Physiker G. Greenstein meinte.[43]

Man muss also eine Schranke des Seins und des Sprechens überwinden. In diesem Sinne hat der Psychoanalytiker A. Ferro geschrieben, dass er gar nicht mehr mit seinem Patienten redet, sondern nur noch zusammen mit ihm träumt. Beide sind nicht eingeschlafen, sondern haben mehr oder weniger phantasiert, und Ferro musste wenigstens so weit klar bleiben, dass er zwischendurch von dem Gerede, das sie veranstalteten, auch etwas im psychoanalytischen Sinne Handfestes deuten konnte.[44] Er hat zwar nicht von dieser Verschränkung gesprochen, aber wohl so etwas Ähnliches gemeint. Je mehr man träumt oder halluziniert, weil man kaum noch Worte zusammenbringt, desto mehr passt der Ausdruck Verschränkung, und dass man darüber hinauskommen muss.

Schon an dem Beispiel von H. Rosenfeld kann man gut sehen, warum in der Psychoanalyse einerseits vom

---

[43] Greenstein, G., Der gefrorene Stern, DTV Sachbuch (1985) S. 337- 340

[44] Ferro, A., Pensieri di uno analista irriverente, Raf. Cortina editore (2017)

Schautrieb, vom Erscheinungs-Wirkenden, von einem
‚sich sehen machen‘ (Lacan) spricht, andererseits es aber
auch ein Wort-Wirkendes, ein Sprachtrieb, ein ‚sich hören machen‘ in gegenseitig verschränkter Weise gesprochen wird, obwohl sie in jedem Menschen die Einheit des
Sprach/Schriftlichen bilden. Es handelt sich um die zwei
Grundformen des Begehrens, das kein biologischer Trieb
ist, sondern ein unbewusst mehr psychisch-erotischer,
psychisch-‚sexualer‘, wie der Psychoanalytiker J. Laplanche sagte.[45] Er wollte damit das zu bewusste Sexuelle
vom unbewussten Trieb unterscheiden, so wie ich es mit
den Anführungszeichen tue, und andererseits auch klar
stellen, dass Erotik zu lieblich klingt. Die Buchstaben s,
e und x sollten darin schon vorkommen, denn bis heute
gibt es immer noch heftige Diskussionen über das, was
Freud seine ‚Sexualtheorie‘ nannte. Ich bin eben überzeugt, er meinte ‚Sex‘ in Anführungszeichen.

Denn mit dem Sexuellen des Erwachsenen-Lebens hat
auch Laplanche ‚Sexuales‘ nichts zu tun. Vielmehr betrifft es diese Nähe, in der man in der Mutter aufgewach-
sen und dann an ihr kleben geblieben ist, und einem dann
auch noch die Hälfte des eigenen, kindlichen Körpers,
nämlich die Plazenta, weggeschnitten wurde. Das sind
heftige Trennungen und – wie die Psychoanalytiker

---

[45] Laplanche, J., Sexual: Eine im Freud’schen Sinne erweiterte Sexualtheorie, psychosozial Verlag (2017)

sagen – kastrative Vorgänge, mit denen man nicht so leicht fertig wird. Und so sitzt man in der psychoanalytischen Sprechstunde ebenfalls wieder in solch einer dramatischen Situation, auch wenn jeder verstehen wird, dass das zwar allegorisch gemeint ist, es aber real gelöst werden und durch die erwähnten engen Durchtunnelungen hindurch muss, so wie Randall es für ihre Universen beschrieb.[46]

Mich erinnert dieses räumliche Ineinandergreifen der beiden unbewussten seelischen Bereiche, des Erscheinungs- und Wort-Wirkenden im psychoanalytischen Sprechzimmer, in einem begehrlichen und ‚sexualen‘ Sinne auch an R. Kurzweils zweites, bzw. doppeltes Gehirn, von dem ein Teil das Gehirn des Patienten ist und der andere die Cloud des Therapeuten. Das ist auch eine Parallelität, die nicht so leicht zusammengeht und eher gekrümmt werden muss, und über die Kurzweil mit etwas unlogischen Parametern herum diskutiert und sich letztlich auf einen ähnlichen Phantasie- und Futuristen-Wissenschaftler bezieht, wie er selber ist, nämlich auf D. Chalmers. Dieser Autor glaubt, dass die Welt und alle Menschen nur eine aus KI gemachte Kopie echter und woanders existierender Lebewesen und Welten, bzw. eines Paralleluniversums sind, was an Paranoia und

---

[46] Der unbewusst *Andere* ist laut Lacan ein „offenes Ganzes", er/es ist nicht nur ‚andersartig‘, sondern auch der „Andere Diskurs", eine andere Art zu Sprechen.

Lustigkeit kaum zu überbieten ist.[47] Denn es ist nur ‚Sex'
mit sich selbst oder Logik als Tautologie

Schließlich kommt es aufs Gleiche heraus, ob die Menschen nun perfekte Kopien sind oder nicht, aber man
muss zugeben, dass auch im Alten Testament und damit
auch in der christlichen Religion ja bereits berichtet wird,
dass der Mensch nach Gottes ‚Ebenbild', also als genaue
Super-Kopie von Ihm gemacht worden ist.[48] Gott hat somit bereits so etwas wie die Nanotechnologie beherrscht
und aus der Cloud heraus, in die er sich ja nach der
Schöpfung zurückgezogen hatte, das Universum und den
Menschen geschaffen. Na ja, man weiß nicht, ob nicht
der Mensch aus der Not seiner Unbeholfenheit – er hatte
nicht mehr die Plangenauigkeit der tierischen Instinkte –
sich einen Gott eingebildet hat, dessen Aussehen zu beschreiben er immer vermied, um sich nicht lächerlich zu
machen. Auf jeden Fall veranlassen mich alle diese
Dinge eine neue Version der Singularität und deren Folgen aus der Psychoanalyse heraus zu entwickeln, die
plausibler klingen soll.

Damit will ich nicht sagen, dass das alles ganz unsinnig
ist, was diese Futuristen wie Kurzweil, Chalmers und davor ja auch schon Y. Harari geschrieben haben, aber es
handelt sich halt wieder nur um Bedeutungen, um

---

[47] Chalmers, D., Realität+, Suhrkamp (2023)
[48] Genesis 1; 27

Feststellungen ohne Wahrheits-Sinn. Das passiert auch, wenn ich ChatGPT-4 befrage, und dabei vernünftige Sätze zustande kommen. Aber Vernunft, das ist ein Phantasma. „Ich möchte Sie darauf hinweisen, dass das, was wir als ‚vernünftig‘ bezeichnen, ein Phantasma ist. Dies ist in den Anfängen der Wissenschaft ganz offensichtlich. Die euklidische Geometrie weist alle Merkmale eines Phantasmas auf. Ein Phantasma ist kein Traum, sondern eine Sehnsucht. Die Idee der Linie, der geraden Linie zum Beispiel, ist ganz offensichtlich ein Phantasma."[49]

Die Menschen brauchen keine künstliche Intelligenz, sondern mehr eine dem Seelischen, dem Unbewussten, der Liebe und dem ‚Sexualen‘ unterstellte Intelligenz, die sie selbst nur aus sich herausholen und nutzen müssen. Wie es Karl Marx vom Philosophen Hegel sagte, man müsse ihn vom Kopf auf die Füße stellen, so sollte man es auch mit diesen Futuristen tun. Man muss sie in die Gegenwart zurückholen, in der sie sich verirrt haben. Daher vorerst einmal wieder zurück zu den Signifikanten, diesen Sprach- und Bedeutungs-Einheiten, die sich gegenseitig nur durch ihre totale Differenz erschaffen, aber bessere Wege zum Chatten ermöglichen.

---

[49] Lacan, J., Seminar XXIV, Vortag vom 8. 3. und 18. 4. 1977, aus Lacan entziffern.de

5. Der Mensch als Knoten

Die CSU-Politikerin D. Bär sagte in einer TV-Diskussion, dass sie die 1968er Studentenrevolte für völlig bedeutungslos halte, aber sie hatte sie gar nicht erlebt und auch den Bericht des Philosophen P. K. Feyerabend nicht gelesen, der der deutlich gegenteiligen Meinung war.[50] Feyerabend schilderte in fast dramatischen Worten, wie er eingesehen hatte, dass die studentischen Revoluzzer ihnen zuvorgekommen waren: „Ich habe Cohn-Bendit zu Ende gelesen und bin voll und ganz seiner Meinung.[51] Er ist gegen Theorien, so wie ich. Er ist gegen Organisationen, so wie ich. Er ist gegen ‚Führer‘ [leader], seien es Professoren, die ‚wissen‘, oder Generäle, die befehlen, so wie ich. Er ist für die Freude und gegen das Opfer, so wie ich: ‚Der wahre Sinn der Revolution ist nicht die Veränderung der Führung, sondern die Veränderung des Menschen‘.

Heute ist das tatsächlich alles wieder vergessen, die Professoren wissen wieder und die Generäle befehlen wieder. Lacan war damals mit von der Partie und erklärte ihnen an der neu gegründeten Studenten-Universität, dass der Mensch nicht ein Lebewesen aus biologischer

---

[50] Eilenberger, W., Geister der Gegenwart, Klatt-Cotta (2024)
[51] Cohn-Bendit, G., [einer der Hauptagitatoren der 68er Studenten], Linksradikalismus, Gewaltkur gegen die Alterskrankheit des Kommunismus, Reinbeck (1968)

und psychisch-seelischer Struktur sei, sondern viel einfacher: er ist ein Knoten, ein Knoten geschnürt aus drei Bereichen, nämlich dem Imaginären (Erscheinungs-Wirkenden, Visuellem), dem Symbolischen (Wort-Wirkendem, sprachlich Unbewussten) und dem Realem, das also nicht Realität ist, sondern letztliches Kompaktes, Kern des Ganzen, *Anderes*, so etwas wie Gott ohne eine bestimmte Konfession oder das Subjekt in seiner Revolte gegen sich und andere. Kurz, eine *Andersheit*, die unbewusst immer an der gleichen Stelle wiederkommt, die

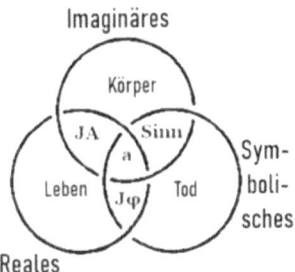

„ohne Riss" ist, triadisch und schriftbezogen, wie Lacan sagt. Doch das Reale ist nicht allein das Bestimmende im Knoten, auch wenn es hauptsächlich Anteil hat am Genießen (Abb. nebenan: J steht für die ‚Jouissance', das Genießen per se, A für der/das *Andere*, φ für phallisch, lustvoll).

Natürlich wurde Lacan wieder nicht verstanden. Er gerät zwar noch nicht in Vergessenheit, kommt aber auch nicht genug zu Wort, weswegen ich ihn hier mit seiner zentralen These kurz vorstellen will. Die drei Kreise stellen die drei elementaren Verbindungs-Stränge, seelischen Schnüre, das Somato-Psychische des menschlichen Knotens dar, die in einer bestimmten Weise verknüpft sind, nämlich nicht zu fest und nicht zu locker. Schneidet man einen auf, sind auch die anderen frei, was für den Menschen Auflösung bedeuten würde, wenn auch nicht immer ganz, nicht gleich tot, aber vielleicht völlig impotent oder dement. Umgekehrt, nur auf den mittleren Punkt in **a** (dem klein geschriebenen anderen) zusammengeknotet, hieße, auf die blinde Triebkraft des Lebens, auf aggressives, wildes sexuales Begehren reduziert sein, was auch nicht so gut ist. Aber am Ort, wo sich unbewusst **a** befindet, befindet sich auch bewusst das Ich, so dass man schon ein bisschen sieht, dass der Knoten ein raumfüllendes, von allem Möglichen durchwirktes Etwas ist, mit dem sich die menschliche Identität verstehen lässt.

Dabei geht Lacan wie gesagt davon aus, dass eine sexuelle Beziehung zwischen Mann und Frau gar nicht existiert – das heißt – nicht als Verhältnis, als schreib- und definierbare Relation. Eben weil es nicht existiert, indem es an den Durchtunnelungs-Stellen, den défilés logiques, herumwurstelt, bleibt das Reale verschlossen. Doch eine enge, grundlegende, erotisch animierte Liebe als eine vom Wissen und vom Unbewussten unterstellte Beziehung – sozusagen ‚Sex', wenn auch nicht schon als Logik, so doch als amouröse Verbindlichkeit – wäre notwendig, um dieses Elementare, das sich im Knoten bewegt, zu verstehen. Denn die sexuelle Nichtbeziehung sitzt (herumgewurstelt) so verfestigt in **a**, dass sie das Reale des Lebens verschließt, erklärt Lacan. Lacan nannte das **a** auch das Objekt der Mehrlust, des – wie Nietzsche sagte – alle Lust in Ewigkeit Wollenden, des blinden, uferlosen Triebs.[52]

So ist **a** anfänglich der purifizierte ‚Sex', die vom Kind imaginierte Brust der Mutter, an der der Mund des Kindes hängen geblieben ist und so – als Oraltrieb – das **ich** noch nicht ganz zu sich selbst und seinem wahren Genießen (zu JA) kommen lässt. Es kann nicht zu seinem originären Begehren und auch nicht zum Genießen des Knotens als einem ethisch oder wissenschaftlich formulierten Konstrukt kommen. Es kann so, oral, nicht reif und erwachsen werden. Denn die Frage ist nicht die nach einer Moral, oder ob Gott existiert, sondern ob **ich** existiert,[53] ob das Zentrum in der Mitte des Knotens nicht mehr ist als nur ein Sexismus oder Egoismus. Schließlich musste sich Descartes noch fragen, ob er **ich** ist, wenn er denkt, und auch das ist reichlich wenig. Dagegen meinte Freud, dass da in **a** (er nannte es das *Es*) das **ich** geklärt, geläutert, gereift, ankommen muss, ‚Sex' als Logik, endlich.

Der Knoten zeigt, dass das Symbolische, das Wort-Wirkende des Sprechens am ehesten noch mit dem Tod zu tun hat, wie es aus der Theorie der Signifikanten sichtbar

---

[52] Klein a repräsentiert nicht nur die Begierde, es kann auch den Spielkameraden oder den Parteigenossen verkörpern, mit denen einen nicht die hehre Bedeutung des A (des *Anderen*) verbindet.
[53] Lacan, J., Seminar XVI, S. 80, was an das ‚Ich ist ein *Anderer*' erinnert.

wird: sie sind widersprechend, fluide und schwammig in ihrem Ausdruck, und werden nur durch die anderen Schlingen, Schnüre des Knotens so gehalten, dass man sich mit dem üblichen Gebrauch der Sprache in etwa unterhalten und verstehen kann. „Der Signifikant funktioniert nur vor dem Hintergrund einer Erfahrung des Todes", der Gewissheit dieser Nichtung und Hilflosigkeit. Oder anders gesagt: „Damit das Subjekt sich von außen repräsentiert sieht, ist es nötig, dass ein Signifikant einen anderen Signifikanten [als *Differenz*] zu sich findet", dass also diese tödliche Kluft in der Sprache berücksichtigt wird, die stets im Sprechen in Form von Missverständnissen, Mehrdeutigkeiten und Lügen mitwirkt.

Das letzte Begreifen findet man eben nicht im Symbolischen allein, sondern nur in seinem Wirken aufs Reale, das von daher das Leben stützt und Anteil am Genießen hat (gekennzeichnet durch die ‚Jouissance'), das wie erwähnt als das wahre Genießen in A vergegenwärtigt ist (JA), Genießen des *Anderen*, an dem man unbewusst partizipiert. In Jφ dagegen unterhält und versteht man sich schlecht, es stellt das ‚phallische', beziehungslose Genießen dar, das symbolisch aufgemotzt am Realen teilhat, jedoch genauso daneben geht wie das eben beschriebene beziehungslose Sprechen durch die schlecht geordneten Signifikanten alleine. Das täuschende, raffinierte, lügende, haltlose, makabre, etc., etc., Sprechen samt seinem Sexuellen (Jφ).

Das Imaginäre nunmehr repräsentiert das Bild des Körpers und das Gestalthafte, das aus vielen Bildern zusammengestückelt ist, aber in Verbindung mit dem Symbolischen doch wenigstens Sinn erreicht. Bedeutungs-Sinn, nicht Wahrheits-Sinn, wie ich es im Text mehrfach ausgedrückt habe. Wahrheits-Sinn, die Wahrheit des eigenen Lebens, die Wahrheit von Beziehungen, ergibt sich nur aus dem Zusammenspiel aller beteiligten Schnüre oder Ringe, mit dem sich alles beschreiben lässt. So ist die Religion zum Beispiel: **S**ymbolik, die als **I**maginäres **R**ealisiert wird (In Bibel oder Koran werden die Wort-Symbole in Bildern (imagines) – Engel, Himmel, Geist etc. – verwirklicht, also real).

Oder ein Beispiel für den Knoten aus der frühen Mutter-Kind-Beziehung: „Als **R**eales übernimmt das Kind für die Mutter die **S**ymbolische Funktion ihres **I**maginären Bedürfnisses."[54] Das Kind als das Reale spricht ohne Worte zur Mutter und vermittelt so die von der Mutter imaginierte Liebes-Beziehung. Man könnte hunderte Beispiele dieser vom Knoten inspirierten triadischen Beziehungs-Geflechte erzählen. Sie machen das unbewusst Psychische besser greifbar, als die einfache von mir gegebenen Schilderungen. Doch ich schreibe dies alles ja nur, damit man das Wesen der *Analytischen Psycho-katharsis* von innen her, vom Psychischen und Intellek-

---

[54] Lacan, J., Seminar IV, Turia und Kant (2011) S. 48

tuellen her (**I**maginär), erfassen kann, um es meditativ (**S**ymbolisch) zu **R**ealisieren.

Denn der meditative Anteil verbindet sich mit dem analytischen genau in dieser Form eines „anderen Realen", wie Lacan es nennt. Meditation wird nämlich ebenfalls vom Realen her gestützt, aber es ist eines, das bereits insofern gereift ist, als es von Buchstaben weitgehend geleert ist. Es ist also nicht wie in der Psychoanalyse mit dem Symbolischen und Imaginären wie im Knoten vermischt, benötigt aber dennoch ein möglichst formales Element, um ein Fortschreiten zu erreichen. Bei Lacan stellte eben der Knoten dieses rein formale Element dar, das in der *Analytischen Psychokatharsis* das *Formel-Wort* vermittelt. Es hat imaginäre Anteile (Kreis. Buchstaben), symbolische Anteile (mehrere Phrasen, verschiedene Bedeutungen) und verbirgt in sich auch Reales (Schnitt- und Überlappungen im Geschriebenen, die dem Ganzen seine Unausweichlichkeit geben). Alles ist zerstückelt und doch eins, Lesen muss es das Unbewusste).

Zurück zum Knoten und meinen auch nicht besser zu verstehenden Ausführungen. Aber wer sich wenigstens einigermaßen informiert fühlt, kann auch zum Anhang wechseln und die Methode probieren. Macht man die geeignete Erfahrung, kann man immer noch das Wesentlichste nachlesen. Nun ist es wichtig zu wissen, dass „wenn es ums Reale geht, dass es etwas Geschriebenes ist, und dass es eine Frage des Lesens ist, des Lesens durch

Entziffern".[55] Doch in der Methode der *Analytischen Psychokatharsis* verhält es sich umgekehrt. Die Meditation, die in der ersten Übung der *Analytischen Psychokatharsis* wesentlich ist, stellt ein „anderes Reales" dar, wie oben erwähnt, und so handelt es sich um das gerade erwähnte formale Element, dass das im Unbewussten verborgene lesen kann und es auch liest, wenn man mit ihm übt. Da liegt der Clou.

Man muss nicht umständlich mit dem Psychoanalytiker zusammen das im Unbewussten Geschriebene entziffern (durch ‚freie Assoziation' und ‚gleichschwebende Aufmerksamkeit'), sondern kann dies das formale Element, wie gesagt das *Formel-Wort,* selbst tun lassen. Das *Formel-Wort* ist so aufgebaut, dass man sagen könnte, es ist selbst verziffert, indem nämlich mehrere Bedeutungen sich gegenseitig überlappend in einem einzigen Schriftzug enthalten sind: darin, dass von verschiedenen Buchstaben gelesen jeweils unterschiedliche Bedeutungen herauskommen, besteht eben die Verzifferung, die – übt man rein gedanklich diese Formulierung – nunmehr das Unbewusste lesen und entziffern kann.

Beim Lesen des Unbewussten befindet man sich also mitten im Realen, und so werden die drei Bereiche des Knotens zu einem gemeinsamen Ausdruck gebracht. Die Eins ist der Gipfel des Realen, auch der Gipfel des Genießens

---

[55] Lacan, J., Lacan, J., Seminaire XXI, Vortrag vom 15.01. 74

in JA, so sehen es auch die Mathematiker. Auch das Ziel der Psychoanalyse ist erreicht, wenn man eins mit seinem Analytiker ist (nicht mit seinem Ich, sondern mit seiner Deutungs-Macht). Und man wäre auch der perfekte Mensch und Wissenschaftler, wenn man voll in dieser Welt stehend eins mit dem Universum wäre. Doch da dies eine vage Geschichte ist, ist es besser, man wäre eins mit seinem Unbewussten, mit seinem Anti-Universum, mit **a-A** und **ich**. Wenn man also ‚Sex'-Logiker wäre über alle Grenzen hinweg.

Man kann, um eins zu werden, beispielsweise auch auf Freuds Einteilung des Affekts in Hemmung, Symptom und Angst Bezug nehmen. Der ursprüngliche, wilde Affekt des **a** in der Mitte des Knotens bekommt dann im Imaginären, also in dem Ring, in der Schleife oben, wegen der bildlich-vielfachen Unbestimmtheit, die Hemmung zugewiesen. Zu viele Gefühle, ‚zwui Gfui' wie die Bayern sagen, sucht in der Hemmung Zuflucht, damit sich in der Ruhe und Zurückgezogenheit der Affekt ordnen kann, dann aber wieder Ausdruckmöglichkeit bekommt, wenn auch nur subtil, bis die Hemmung wieder stärker wird. Der Volksmund schreibt dieses Affektive Auf und Ab den Frauen zu, auch wenn es den Mann genauso betrifft, der ansonsten mehr der Entwicklung eines Symptoms zuneigt (er lebt dann seinen Affekt im Symbolischen aus).

Denn können die Affekte zwar gehandhabt werden, kristallisiert sich jedoch zwischen zwei oder drei von ihnen ein zu starker Konflikt heraus, kann – man nennt das eine Konversion – ein Symptom entstehen. Beispiel: die heute kaum noch sichtbare hysterische Lähmung, die man – wegen unserer nüchternen Lebensweise – heute kaum noch sieht. Liebe auf der einen und aggressive psychische Abwehr auf der anderen Seite konnte zu Konversions-Symptomen führen, die für den Betreffenden real waren, aber im Symbolischen anzusiedeln sind. Analysiert man nämlich das Symptom, lässt sich daraus der Konflikt isolieren und klären, wie er etwa im Ödipuskomplex (der Mann findet in der Frau seine Mutter, sein Symptom) zu sehen ist.

Wird ein einzelner Affekt zu stark, zu plötzlich entwickelt, kann die Abwehr sich nur noch in Form der Angst äußern, die realer nicht sein könnte und als Angstneurose oder Panikattacke zu Tage tritt. Es handelt sich um die ungünstigste Art einen Affekt zu bewältigen und das Reale kennen zu lernen. Mit Denken lassen sich die Affekte nicht bewältigen. Das Denken ist nur Ausdehnung, Affekt-Streckung oder -Verschiebung des zu Grunde liegenden Begehrens, Triebs. Freuds Beschreibung von Hemmung, Symptom und Angst lassen sich so im Knoten wiederfinden.

Bei Freud bereits oft erörtert hat auch Lacan gerne auf die – stets misslungene – Geschlechtsbeziehung hingewiesen und beispielhaft auf sie angespielt. Der „Mann glaubt an die Frau", schreibt er, „aber nur als viele. Im Leben des Mannes ist eine Frau etwas, woran er glaubt, er glaubt, dass es eine gibt, manchmal zwei oder drei, und hier ist übrigens interessant, dass er nicht nur an eine glauben kann, er glaubt, dass es eine Spezies, eine Art gibt, z. B. zur Gattung der Nixen, Sylphen oder Undinen gehörend. Es gibt nicht eine Nixe, eine bestimmte, und nicht eine persönliche Undine, sondern eben viele, die vorgestellt, eingebildet und somit dem – hauptsächlich männlichen – Imaginären zugeordnet sind".[56] Kurz, selbst wenn der Mann anständig verheiratet ist, hat er meist noch viele andere Frauen im Kopf.

Bezüglich des weiblichen Imaginären schreibt er: „Worum es bei einer Frau geht, abgesehen davon – so etwas kommt vor, aber das ist nicht offensichtlich –, dass man glaubt, dass sie tatsächlich etwas sagt. . . der Mann glaubt an die Aufrichtigkeit einer Frau und verkennt dabei, dass es ihm letztlich darum geht, sich auf „d i e Frau" zu beziehen, und so ist die Frau das, womit der Mann nie zurechtkommt. . . . „Sicherlich gibt es einen Unterschied, der darauf beruht, dass die Frauen sehr gut begreifen, dass der Mann ein Kummer, eine Verheerung – zumindest aber ein seltsamer Vogel ist. Man muss das auf der Ebene der Analytikerinnen beurteilen. Die Frauen sind

---

die besseren Analytiker*innen, sie sind besser als der Mann. Der Mann ist für eine Frau letztlich etwas anderes", das *Andere* speziell vom Erscheinungs-Wirkenden her gesehen, womit ich diesen Ausflug in das Wesen des so vielschichtigen Imaginären verlassen kann.

Bezüglich des Symbolischen, Wort-Wirkenden jedoch, definiert Lacan eine Frau speziell von daher, wo es in A, beim unbewusst *Anderen*, eine definierbare Menge an Φ (Phi für das Phallische) gibt, doch eine solche lässt sich eben nicht logisch, nicht definitiv, und für die Frau nicht buchstabengetreu vermitteln. Die Frau ist kein Sexual-Objekt, so wie ich es noch in der Diskussion um das D i e der Frau erörtern werde, aber in den Augen des Mannes scheint der Körper der Frau ideal den Phallus zu symbolisieren, doch das geschieht eben nur dem Anschein nach, nicht in dem der Beziehung der Geschlechter unterstellten Realen. „Der Mann ist mit Φ verheiratet", meint Lacan daher, „eine andere Frau hat er nicht". Überhaupt heiratet ein Mann eine Frau – so Lacan – nur aus Zufall, und „kann die Frau nur in einer Art von Abwesenheit genießen".[57] Kein Wunder also, dass die sexuelle Beziehung inmitten all dieser großartigen menschlichen Beziehungen gar nicht vorkommt.

Und so ist also für den mit Φ beladenen Mann eine Frau sein Symptom, weil es – und so kann man es auch sagen

---

[57] Lacan, J., Séminaire XIX, Ed. Seuil (2011)

– keinen hinsichtlich des Genießens im Körper des *Anderen* (hier z. B. der Frau) anzutreffenden Garanten gibt, keinen Wahrheits-*Anderen*, der einen in der geschlechtlichen Beziehung bestätigen würde, sondern nur die Leerstelle des **a**, im Nichts, wenn diese durch die nicht realisierte Geschlechtsbeziehung geblockt (durchs Gewurstel verstopft) ist. Durch die Leerstelle muss man wohl in irgendeiner imaginär-symbolisch-realen Form hindurch, zum Beispiel mit Hilfe einer Lacanschen Psychoanalyse oder der *Analytischen Psychokatharsis*. Es muss so gesehen jedoch auch ein Genießen jenseits von Φ geben, das im Knoten mit JA gekennzeichnet und das das eine Ziel der therapeutischen Bemühungen ist (das zweite ist die Deutung, das *Pass-Wort*).

Dahin gehört auch das, was ich bereits beim Patriarchat, bei der Vater-Herrschaft, als unzureichend bezeichnet habe, die nicht perfekt als Instanz zu erfassen ist, die aber den Dingen einen Namen gibt (wie Adam den Tieren in der Bibel), einen Namen bis hin zum JA, zum Genießen des *Anderen*, das mit dem Realen des Genießens zusammenhängt. Denn die Identifizierung mit dieser Vater-Instanz nannte bereits Freud die Liebe, die scheinbare Erfüllung einer Sehnsucht nach dem großen *Anderen*, die man jedoch letztlich sich selbst gegenüber leisten muss, zumindest in Form der Arbeit an sich selbst, wie die

Psychoanalytikerin M. Mitscherlich schrieb.[58] Sich selbst im *Anderen* zu lieben ist nicht narzisstisch, sondern kann kathartisch, befreiend, reinigend und kreationsfördernd sein.

Oder, es geht um die Liebe, die nur als Reales ‚ex-sistiert‘, ex, außerhalb, sistiert, drängt, verharrt, wie ich es bereist vom Unbewussten erwähnt habe. Das Ex-sistieren gehört überhaupt zum Realen, auch wenn es nur in Form eines Lochs (Durchtunnelung) ‚ex-sistiert‘, das das Leben ist und deswegen im Knoten dort auch so eingetragen ist. Den Tod als dem Symbolischen zugehörig habe ich schon damit erklärt, dass die Menschen stets aneinander vorbeireden und dadurch glauben, sie befinden sich im Wirklichen. Doch das Gegenteil ist der Fall, indem die Sprache sich nur „in das Nichtverhältnis der Geschlechter einschreibt" und kein „Sagen als Akt produziert wird, sondern nur als Stimme". Die vielen Stimmen, die man so täglich hört und selbst produziert, verstopfen nur das Loch im Realen, in **a**, so dass der reine, gute, konstruktive ‚Sex‘ nicht – wie schon erwähnt – zum Logos hindurchkommt.

So kann man das Symbolische, den Logos, auch als Insistenz bezeichnen, es insistiert, das heißt, es verbleibt

---

[58] Mitscherlich, M., Eine Liebe zu sich selbst, die glücklich macht, S. Fischer (2013)

hartnäckig bei sich selbst, bei der fluiden Komplexität der Signifikanten, die das Subjektive kreieren. Es erzeugt das Metaphorische (wörtlich: Übertragene), das ständige Raunen und Schwätzen der Welt, das bis zum Dichten, zum schöpferischen Ausdruck gehen kann (erneut ein Hinweis auf die Vater-Instanz, die Lacan vereinfacht auch als den Vater-Namen titulierte). Der Existenz und Insistenz steht wiederum die Konsistenz gegenüber, die auf das Imaginäre zutrifft. Sie hält die Uferlosigkeit der Bilder, des Erscheinungs-Wirkenden zusammen, wenn auch nur sehr locker. Selbst das Reale erhält vom Imaginären her eine gewisse Konsistenz, und im Zusammenhang mit dem Symbolischen konsistiert sich dort der Sinn, der Bedeutungs-Sinn. Dazu hilft das Wesen der Gestalt, der Figur, die als ‚gute Gestalt‘, als zutreffende Form im Symbolischen das Denken anregt, das den Schnüren des Knotens ebenfalls Festigkeit verleiht.

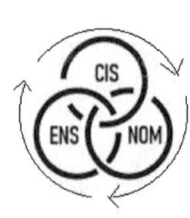

Und so komme ich nun mit der *Analytischen Psychokatharsis* zu Wort und zeichne eines meiner *Formel-Worte* in den Knoten. Denn so gelange ich dazu, anschaulich zu erklären, wie die drei Bereiche in einem ‚Geschriebenen‘ zusammenwirken, das zweifellos Sprache ist und dem Realen ganz nahesteht. Das *Formel-Wort* ENS-CIS-NOM eignet sich dazu besonders gut. ENS, das Seiende, geht vom **R**ealen aus, gerät zum CIS, zu den tausend

Bildern und Imaginären Verkörperungen des Diesseits, um schließlich beim NOM, dem Namen des Symbolischen zu landen. Doch das Ganze ist flexibel, es kann noch Etliches anderes heißen, wie ich es weiter oben schon zitiert habe. Aber eben gerade deswegen greifen die *Formel-Worte* genauso in das Spiel, in die Bewegung, Erregung, Dynamik des Knotens ein, wie ihn Lacan verstanden wissen wollte.

Andererseits: so großartig amourös Lacans Seminare waren, in der therapeutischen Praxis bestätigte sich dies nicht in gleicher Form. Deswegen betone ich in der *Analytischen Psychokatharsis* die Praxis von vornherein. Sie bringt den Knoten in direkte und ihn weiterführende Bewegung, denn sie ist konkret, sie macht das Begehren in der *Formel-Wort* geführten Katharsis direkt und nicht nur in Anführungszeichen erfahrbar, und lässt auch die dazugehörige Logik in den *Pass-Worten* klar hörbar werden. Ich muss nochmals darauf hinweisen, dass reale, konstruktive Logik außerhalb des Subjekts, außerhalb des Unbewussten, keinen Sinn hat.

Der Einzelne muss den logischen Vorgang selbst mit begleiten können. In der *Analytischen Psychokatharsis* ist man dem *Anderen* direkter zugetan, denn es gibt Kommunikation nur mit Ihn/Es mittels des signifikanten *Formel-Worts* – signifikant, weil es selbst ein Knoten ist, durch den man das unbewusste Begehren analysieren kann und teilt. Draußen, im Alltagsleben verbleibt es erst

einmal bei der innigen Umarmung, von der Lacan
meinte, dass sie als gezähmter, symbolisch ‚kastrierter
Sex' gelten kann. [59] Das Entscheidende bleibt der Logos,
von dem man auch weitere wissenschaftliche Exponate
erstellen kann, die glücklich machen.

Exakt darauf geht das Reale ein, indem es die Drehung
im Knoten weiterschiebt, immer wieder neu im Uhrzeigersinn herumgedreht, wodurch sich der Übende vom **a**
im Zentrum weiter und weiter entfernt, alle Aspekte des
Knotens durchquert, bis sich in **A** das kathartische Ziel
öffnet, die Befreiung, die Glücksbringung, die außer ihr
selbst keine Bedeutung hat, und nach Beendigung der
ersten Übung auch wieder fast ganz verloren geht – es sei
denn, es stellt sich schon da, durch die Lockerung, Lösung, Freiheit im Knoten ein *Pass-Wort* ein. Das der Deutung des Psychoanalytikers entsprechende *Pass-Wort*
bringt nun auch die Wahrheit, den Wahrheits-Sinn, die
Enthüllung des Verdrängten im Unbewussten zu Tage.

Das betrifft auch die Frage nach der Objektivität des Verfahrens, eine Frage, die sich auch Lacan für die Psychoanalyse gestellt hat. Die Naturwissenschaftler tun sich da
leicht, sie glauben, dass ihre Experimente genügend Objektivität erzeugen, die jedoch lediglich etwas Gegen-
ständliches, düster Materielles und Gemachtes ist.

---

[59] Lacan, J., Seminaire XXI, Vortag vom 11. 12. 1973

Umgekehrt die sogenannten Geisteswissenschaftler, die so etwas wie das ‚Noumenon', das gut erdachte ‚Objekt', ins Zentrum ihrer Sach-Beweisbarkeit stellen. Für Lacan ist dies alles nur ein Mangel, ein Fehlen, das wesentlich ist, weil es die Voraussetzung für all das andere ist.

Alles wäre tot langweilig, trostlos objekthaft, denn nur der Mangel ruft eine Tätigkeit, ruft Leben und Aktivität hervor, mit ihm umzugehen. Und deswegen eignet sich ja das *Formel-Wort* so gut, weil ihm jede Aussage mangelt, und obwohl jede Menge an Worten in ihm stecken, ist es kein ganzes, eigentliches, brauchbares, fertiges Wort, das somit jedoch aus dem Unbewussten das fehlende, das *Pass-Wort,* heraus zu locken vermag. Dieser Vorgang kommt der Objektivität wie auch Lacans Knoten nahe, beziehungsweise „verschiebt" sie in diese Richtung, wie er sagt.[60] Eine absolute Objektivität kann es nicht geben.

---

[60] Lacan, J., Seminar XXII, Übersetzung M. Kleiner, S. 51

6. Signifikanten

Dass die Sache mit den Parallelen ein Phantasma, eine Sehnsuchtsidee oder ein ‚Wunschsagen' des antiken Geometers Euklid, ebenso wie das Ich eines jeden und ihm folgend vieler Wissenschaftler auch noch von heute ist, dürfte klar geworden sein. Selbst in der Sprache existiert dieses Phantasma und bringt das Fluidum der Worte hervor, weil, wie nun schon oft gesagt, „beim Sprechen keiner so recht wüsste, was er sagt".[61] Man kann dem nur eine Praxis gegenüberstellen, die zwar logisch geordnet sein kann, aber eben außerhalb allen Redens und Sagens liegen muss, so ähnlich also, wie mein eingangs zitierter Patient es ausdrückte: niemand kann einem etwas Entscheidendes, Zutreffendes sagen. Da muss man selber draufkommen. So wie man auch all das Diskutieren ums Sexuelle, um die Gender-Identität und um die Geschlechts-Beziehungen selber klären muss. Zumindest hauptsächlich selber. Ich muss diesbezüglich nochmals auf die Soziologin F. Schutzbach zurückkommen, die Lacan mit dem Satz zitierte: ‚La femme n'existe pas', die Frau existiert nicht, was total patriarchal sei, meinte sie.

Schon eine italienische Zeitung hatte vierzig Jahre vorher geunkt: ‚Per il dottore Lacan le donne noch esitono (für

---

[61] Lacan, J., Seminar XXIV und XXV, 1977- 1979, aus Lacan entziffern.de

den Doktor Lacan gibt es die Frauen nicht).' Doch dieser Aussage liegt wohl eine – man muss es so sagen – bewusste Fehldeutung zu Grunde, wahrscheinlich, weil Lacan einem zu überbordend intellektuell vorkommt, und man damit nicht mithalten kann, was eigentlich eher paradox klingt, anstatt patriarchal. Das ‚la' von ‚la femme' wurde immer getrennt geschrieben und klar als ein ‚L a', als ‚D i e' Frau, als die absolute und mit dem universalierenden Pronomen ‚d i e' betont dargestellte Frau. Wenn ein Mann glauben würde, dass es ‚d i e' Frau gäbe, wäre er verrückt, so Lacan.

Schutzbach behauptet, Lacan weise sich also mit diesem Satz als radikaler Vertreter des Patriarchats aus. Aber selbst, wenn es stimmen würde, dass Lacan die Existenz von Frauen bestreite, wäre das also eher ein Zeichen psychisch kranker Realitätsverleugnung. Dagegen ist die Einteilung der Geschlechter sowohl in der Horizontalen (Frauen, Männer) wie in der Senkrechten (Großeltern, Eltern, Kinder, Enkel, usw.) unter Verwendung eines universalierenden d e r oder d i e plausibel und hilfreich. Vereinfacht gesagt: in dem Quartett von Vater und Mutter, Frau und Mann, gibt es ein psychologisches, meist sogar unbewusst psychologisches, klares Einschätzungsvermögen.

So gilt für die Mutter und für den Mann, dass es d i e oder d e n sehr wohl gibt, denn es lassen sich für beide sehr schnell die wesentlichsten Assoziationen finden und werden auch von den meisten Menschen weltweit in gleicher Weise so verstanden: Die Mutter ist d i e pflegende, wärmende, nährende, liebende und klar im Emotionalen verankerte Figur und Persönlichkeit. Das haben auch alle Zuschriften zu dem bekannten Buch von Oskar M. Graf ausgedrückt, indem sie äußerten, dass alle ihre Mütter genauso gewesen wären, wie dieser Autor die seine geschildert hat: warmherzig, pflegend, gut und menschlich zugewandt und im Kuchenbacken erfahren.[62] Das ist eine psychologische und statistische Feststellung.

Auf d e n Mann trifft etwas Ähnliches zu. Er ist die Person zu der die meisten Menschen spontan assoziieren: Kraftverehrer, Auto- und Fußball-Narr, Karriere geil, Politik süchtig und an dem erwähnten ‚sexuell animierten Genießen' orientiert. Es gibt also d e n Mann, auch wenn das nur eine schlichte psycho-soziale Einschätzung ist, die auf die meisten Männer nur begrenzt, aber eben doch typisierend zutrifft. Denn es geht ja nicht um den allgemeinen, den durchschnittlichen und realen Mann, sondern um ‚d e n', den typischen, den wesensmäßigen und unverblümten Mann, so wie eben die Mutter wesensmäßig die pflegende und nährend wärmende ist. Wem das alles zu kurz gefasst erscheint, muss sich nur weitere spontane Assoziationen, nunmehr zu Vater und Frau ansehen.

---

[62] Graf, O. M. Das Leben meiner Mutter, List (2009)

Für diese beiden sind die Assoziationen zu vielfältig, zu unterschiedlich und nicht so einfach auf ein paar Nenner wie bei Mann und Mutter zurückführbar. Es gibt strenge und nachgiebige Väter, unsichere, patriarchale, ehrgeizige, verständnislose, aber eben auch noch tausend andere, nur d e n Vater, den absoluten, den Vater per se, den universalen Vater, gibt es genauso wenig wie d i e universale Frau. Das heißt, seit ein paar tausend Jahren hat man d e n Vater in der Projektion eines Gottes versteckt, bezüglich dessen man sich immer schon gefragt hat, wo denn seine Frau steckt. Nun, er brauchte keine. Aber er war die typische Projektion d e s Vaters als solchen ins Transzendente, als Zeuger und Schöpfer aus dem Jenseits heraus, aber eben nur als Projektion.

Nicht anders ist es d e m Vater in der Psychoanalyse ergangen. Er steckte im Vater Freud, d e m Vater der Psychoanalyse, und den durfte man nicht angreifen und umbringen, denn die Ablehnung des Vaters, gar der Vatermord, war ja gerade das symbolische Zentrum der Neurose, also der psychischen Krankheit, das Negativ-Symptom schlechthin. Dem Psychoanalytiker an den Kopf zu werfen, er sei ein Scharlatan, eine Unperson, wird dieser gelassen hinnehmen, denn – selbst wenn daran etwas Wahres ist – sitzt er doch in der Position dessen, dem man nicht ganz zu Unrecht ein Wissen unterstellt, etwas Bedeutsames, eine Vater-Instanz als solche. Aber im Alltag, im nicht schwerpunktmäßig auf die Religion oder das

Patriarchat gerichteten Routine-Leben, gibt es d e n Vater
nicht. Da existieren nur die üblichen, oft fehlerbehafteten
Väter, die schon mal ins Patriarchat abgleiten können,
vor allem, wenn sie mit Waffen herumzündeln.

Lacan stellte lange Zeit den ‚Namen des Vaters' als An-
gelpunkt in die Mitte seiner Theorie. Er glaubte so dem
Vater als problematischer Figur auszukommen, und erklärte, dass in der psychischen ‚Verwerfung' des Vaters,
des ‚Vater-Namens', des paternal Prinzipiellen, also dieser symbolischen Vater-Instanz, sich die Psychose, die
Schizophrenie entwickeln würde. Der Psychotiker hat
vor nichts Angst, er besitzt kein väterliches Über-Ich,
kein Gewissen, eben keine vaterartige Instanz in sich, die
wegen ihrer Besonderheit, sie nicht definieren zu können,
eine Form des Respekts erreicht. Weil es keine Antwort
auf die Frage gibt, was ein Vater eigentlich ist oder sein
sollte, etabliert sich innerseelisch eine Respekt-Instanz,
die dem psychotisch Kranken zuwider ist.

Und so kann es in der Verurteilung des Patriarchats pas-
sieren, dass man auch diese Vater-Instanz in sich selber
mit verurteilt oder gar nicht zur Kenntnis nimmt. Oder
man schreibt ihr zufällige, ideologische, politisch moti-
vierte, mythische oder theologische Eigenschaften zu.
Aber die einzige Eigenschaft die diese Instanz wirklich
hat, ist diejenige, unbewusst anders zu sein, Lacans *l'Autre*, der/das *Andere* zu sein, was man wegen des Instanz-
Charakters groß schreiben und als bedeutend hinnehmen

muss. An dieses/diesen *Andere(s)(n)* heranzukommen, gelingt nur über das provokative Schweigen in der Psychoanalyse oder über die Provokation mit dem, was ich das *Formel-Wort* in dem selbstpraktischen Verfahren der *Analytischen Psychokatharsis* genannt habe.

Denn man kommt dieser imaginär-realen Vater-Instanz nicht aus, sowie man dem Unbewussten nicht auskommt, sondern auf *Es* gestoßen wird, wenn man das *Formel-Wort* meditiert. Zum Teil steckt diese Instanz im Freud'schen Über-Ich, zum Teil in dem, was die Mutter unbewusst den Kindern signalisiert, nämlich dass da ein Geheimnis, eine Unklarheit, in Form dieser Instanz in ihr existiert, was zu ihrem Wesen als Frau gehört. Sie macht mit diesem Wesen einen Kompromiss, sie akzeptiert den Vater ‚en titre‘, titularisch, in Anführungszeichen. Er ist ihr Mann, dessen Gene sie auch in ihren Kindern weiß. Aber an mehr als an diese Respekt-Instanz braucht sie sich nicht zu halten.

Denn genauso, nur umgekehrt verhält es sich, wie ich es gerade oben geschildet habe, mit dem ‚D i e‘ d e r Frau. D i e als solche also, die Omnipotente, von der Ödipus geglaubt hat, sie in Iokaste, die eine Schönheit, eine Königin, eine Superreiche und Gebildete, also d i e Frau, aber dummerweise auch seine Mutter war, zu finden. Doch im Respekt vor der Realität der Frau muss man erkennen, dass selbst um nur „einer zu genügen", die nur ein paar all der tausend Weiblichkeitsaspekte verkörpern würde, „das Leben normalerweise nicht ausreicht", wie Lacan an anderer Stelle vermerkte. Und wahrscheinlich ist es deswegen auch nicht möglich, s i e zu einer inneren definitiven Instanz zu machen, wie das vielleicht die von mir mehrmals zitierte Soziologin und Feministin F. Schutzbach favorisiert.

Schutzbach sieht die Problematik nicht, dass der Mann durch die ‚Ein'-Silbigkeit' seiner unbewussten Orientierung eher in der Lage ist, viele, vielleicht fast alle Männer unter ‚einer' Ägide zu vereinen, während dies bei der ‚Viel'-Silbigkeit' der Frauen nicht so leicht ist. Viele Frauenbewegungen wie die Amazonen und die Suffragetten sind deswegen nicht weit gekommen, weil sie sich in ihrer Verbundenheit mit der Erde, der Mutter, anderen Frauen und dem Vitalen schon genug vereint fühlen, und zwar nichts von dem wichtigtuerischen Herrscherverlangen verspüren, aber auch keine Gruppen-Power zustande bringen, die es irgendwie in großen sozialen Vereinigungen braucht.

Es liegt am Wesen des ‚phallischen Genießens', unter das sich alle Knaben und Männer leicht subsummieren lassen, aber nicht alle Mädchen und Frauen, obwohl Freud es auch bei ihnen in der frühen Kindheit als für beide Geschlechter hinsichtlich ihrer psycho-sexuellen Entwicklung bedeutend nachgewiesen hat. Doch das Psycho-Sexuelle ist ja nicht alles, und so haben die Frauen ihren Schwerpunkt mehr auf die Liebe verlegt, die hochsublimiertes, vergeistigtes, verfeinertes Begehren und Genießen darstellt. Vorwiegend damit allein aber lässt sich ein befriedigendes Frauenleben oder gar eine Frauenbewegung nur schwer erstellen. Es braucht guten Feminismus, nicht nur Niedermachung des Patriarchats, sondern hinsichtlich der Gemeinschaftsmachung für sie selbst. Doch wozu braucht man – wie Schutzbach fordert – die lesbischen Feministinnen, „die verleugnen, dass der Phallus ein Signifikant ist" – wie Lacan konstatiert – dass er also – unbewusst – sein Wort (Logik) vom ‚Sex' her macht?

Wie könnte man die Frauen auf einen wohl-definierten weiblichen Nenner bringen? Das Einzige, was zählt – so Lacan – sei ihr Sagen.[63] Ihr – hinsichtlich ihrer Beziehung – bedeutendes Sagen, das nicht dem Klang der Stimme, nicht dem Wesen der Argumente, nicht dem Tonfall, nicht der Mitteiligkeit oder der Emotionalität zugehört, sondern lediglich der eigenen Struktur entspricht, wäre die Lösung. Im wahrhaften und anschaulichen Sagen, in dieser Kombination des Imaginären mit dem Realen als „geschriebenem Bild", als einem schöpferischen Sagen, entscheidet sich die Beziehung für beide Geschlechter, insofern es von der Frau her bestimmt wird, die – so gesehen – die „Stunde der Wahrheit für den

---

[63] Lacan, L., Seminar XXI, Staferla free, Vortrag vom 9. 4. 74

Mann ist".[64] Wenn sie gut ist, kastriert sie den Mann ein bisschen, doch nur so viel wie eben nötig.

Der Psychoanalytiker A. Ferro bemerkte, dass für etwas Schöpferisches in der klassischen Psychoanalyse kein Platz ist, und dass „man mit der *Grundregel* einen schon auf eine vorgelegte Fahrbahn legt."[65] Die Regel alles zu sagen, was einem einfällt, steht also der spontanen Entwicklung des Gesprächs im Wege, ist eine einseitige Fahrbahn, die eben vom Therapeuten bestimmt wird. Dies hat auch schon zu Freuds Zeiten selbst ihm nahestehende Psychoanalytiker wie Otto Rank beschäftigt.[66] Rank, der lange Zeit Freuds Vorzugs-Schüler war, erstellte im Laufe der Jahre ein anscheinend gegensätzliches Konzept zum Freud'schen Unbewussten und der damit verbundenen Sexualtheorie. Er war der Ansicht, dass die Grundregel, die Aufforderung des Therapeuten an den Patienten frei zu assoziieren, einen zu sehr überwältigenden Zwang beinhalte. Besser wäre die Aufforderung: „Sagen Sie, was Sie wollen", denn der Patient muss oft erst „lernen, wollen zu können", und wenn er das kann, sagt er wohl auch viel von dem, was ihm spontan einfällt.

---

[64] Lacan, J., Séminaire XVIII, Vortrag vom 20. 1. 1971
[65] Ferro, A., Pensieri di uno psicoanalista irriverente, Raffaelo Cortina (2017) S. 64
[66] Zottl, A., Otto Rank, Das Lebenswerk eines Dissidenten der Psychoanalyse, Kindler (1982)

Diese Bemerkung hat auch bezüglich des Heiratens ihren Wert, wo man nicht bei sich als *Anderem*, sondern nur stramm vor dem Standesbeamten steht. Das Unbewusste einzubeziehen würde dem folgen, was der Ethnologe G. Devereux von den Mohave Indianern schrieb: Es genügt nicht ein Papier am Standesamt zu unterscheiben, meinte er, Mann und Frau müssen bei dem Volksstamm der Mohave in ein Haus ziehen und dabei vor allem davon träumen, dass sie ein Paar sind, dass sie völlig vereint und wirklich vermählt sind. Der Traum, das Unbewusste muss beim Heiraten beteiligt sein, das würde dem *Anderen* Schwung verleihen, und das Paar zum wirklichen Paar werden lassen. Exakt in dieser Weise ist die ‚Grundregel‘ der Psychoanalyse eine problematische Vorschrift, weil sie eine Suggestion ist, die nach einer Verhör Methodik klingt, nach einem Ausgefragt-Werden wie am Standesamt.

Und so enthält das von mir entwickelte Verfahren der *Analytischen Psychokatharsis* kein Diktum, das vorschreibt, was zu tun und zu denken ist, sondern, das vermittelt, mit sich – in Verbindung mit dem Unbewussten – als *Anderer* seiner selbst ins Gespräch zu kommen. Es ist kein übliches Gespräch, wie man es unter Menschen führt, eher erinnert es – und das ist der Vorteil der Moderne – an die Art eines Gesprächs mit der künstlichen Intelligenz, also à la ChatGPT. Es ist jedoch viel origineller, zutreffender, authentischer und vor allem eben das

Unbewusste mit einbeziehend, einen linguistischer Bereich also, den – wie betont – die KI gar nicht kennt. Denn das sprachlich aufgebaute Unbewusste enthält versteckt die verdrängten, aber auch oft seelisch ganz abgespaltenen Inhalte und bewahrt diese nicht nur in dieser wort-wirkenden Form, sondern auch in der bildhaften erscheinungs-wirkenden Art, die noch subjektbezogener ist als die worthafte.

Die KI ist kein Subjekt, weder im Bewussten und schon gar nicht im Unbewussten. Gerade das, was den Menschen ausmacht, dass er kreativ denken und unbewusst Dinge tun kann, die jedoch typisch für ihn sind, und die er in enger, aber am besten in analytischer Form in seinen Kommunikationen bearbeitet, wird die KI niemals leisten können. Zugegeben, auch Menschen können sich fürchterlich irren und halluzinieren, aber eben dafür entwickeln sie Strategien wie beispielsweise die Psychoanalyse, die aufdecken kann, worin das Subjekt das dem Unbewussten unterstellte ist, das der Liebe, dem Begehren, dem ‚Sex‘ unterstellte, um Logik daraus zu machen.

Wie diese Logik, das Gespräch mit sich als unbewusst *Anderem* – wenn ich das noch einmal verkürzt so sagen kann – genau funktioniert, will ich weiter in späteren Kapitel zeigen. Vorläufig soll genügen, zu erklären, was es mit den Signifikanten auf sich hat. Vereinfacht ausgedrückt stellen die Signifikanten das Wort-Wirkende dar, aber in so wenig geordneter und eben mehr fluider Weise, dass man sich wundert, wie Sprache damit überhaupt funktionieren kann. So sieht es jedenfalls Lacan, wenn er sagt, dass ein Signifikant ein Subjekt repräsentiert für einen anderen Signifikanten, was heißt, dass das Subjekt, das menschliche Subjekt, zwischen zwei Signifikanten eingezwängt ist, ja dass es gerade dadurch Subjekt ist.

Zwei völlig differente Wesenszüge in den Worten, im Sprechen, im Proklamieren, in den B(r)uchstaben der sogenannten Kommunikation, machen den Menschen in seiner Subjektbezogenheit aus, so verstehe ich das und beziehe mich dabei immer auf eine Psychoanalytikerin, die das bereits vor langer Zeit schon so erfunden und beschrieben hat.[67] Die Psychoanalytikerin, deren Begriff ‚B(r)uchstaben' mir eine ideale Formulierung für diese zerstückelte Darstellungsweise von Formulierungen zu sein scheint, die ich im Weiteren als zentralen Bestandteil des von mir entwickelten selbstanalytischen Verfahrens darstellen will. Denn ‚B(r)uchstaben' sind nicht nur die gebrochenen Sätze im Traum, sie stecken auch in jeder Alltagsrede, und selbst Juristen, die sich doch so sehr um klare, definitive Ausdrucksweisen bemühen müssen, scheitern daran, weil es kein objektives Sprechen gibt, sondern nur ein gerade noch so praktikables, das vom Subjektiven durchzogen ist.

---

[67] Oudee Dünkelsbühler, U., Zeugnis und Schrift: B(r)uchstaben an der Couch, Les Etats Généraux de la Psychanalyse (2001).

Man kann es kaum einfach genug erklären. Vielleicht so: das Erscheinungs-Wirkende ist psychisch gesehen eine unbewusste Identifikation. Man identifiziert sich (blitzartig) mit einem Zug eines Gegenstandes, eines ‚Objekts' (das kann auch ein Mensch sein) und bekommt dadurch kurzfristig eine Gewissheit, eine Identität als Subjekt, ein sich durch mehrere Identifizierungen festigendes Ich. Schon allein das hat den Charakter von etwas *Anderem,* also von zwei Linien, die sich nicht und nie jemals schneiden, außer man sieht das Ganze aus dem Blickwinkel einer Wissenschaft v o m Subjekt her. Und ein Subjekt ist eben das, das sich nicht objektivieren lässt, sondern dem Unbewussten unterstellt ist, während das Ich sich in erscheinungs-wirkenden Spiegelungen, eindrucksvollen Bildern, kurzen Identitäten zu etablieren versucht.

In der Identifizierung ist man also im Moment von etwas affiziert, angetan, betroffen, gekennzeichnet, und das kann sich nicht dauerhaft halten. Man kann das am besten verstehen, wenn man kleine Kinder zu früh ins Kino mitnimmt. Sie identifizieren sich mit jedem dort gezeigten Blicke, mit jedem zu heftig dargestellten Affekt, mit jeder scheinbar betörenden oder gefährlichen Geste. Sie befinden sich im Zustand der Wahrnehmungsidentität, wie Freud es nannte, also des puren Erscheinungs-Wirkenden. Es geht um den erscheinungs-wirkenden Trieb, der überall etwas aufblühen lässt, aber um etwas davon zu speichern, zu behalten und im Gedächtnis zu verwahren, braucht *Es*, das Subjekt, das Wort-Wirkende. *Es* besitzt vielleicht gleichzeitig, synchron, diesen Bezug zum Wort-Wirkenden, zum Signifikanten, der im ‚Zähler‘ steht und damit dem Erscheinungs-Wirkenden schon fast so etwas wie einen Namen einen ‚Nenner‘ gibt – fast, denn es braucht ja mehrere Signifikanten, um Bedeutung und Sinn des Ganzen wirklich zu erfassen, zu verstehen oder gar zu begreifen.

Und wenn man dann mit diesem Bruch (Zähler/Nenner) etwas erfasst, begreift, handelt es sich nicht mehr nur um eine im Begehren stattfindende Identifizierung, sondern um eine begehrliche ‚Objektbeziehung‘, wie es zum Beispiel die Liebe ist. Mehr muss und kann ich vorerst nicht sagen, denn ich denke man spürt, dass zwischen diesen beiden, der Identifizierung und der Objektbesetzung, dem Erscheinungs-Wirkenden und dem Wort-Wirkenden, jeweils größte Nähe und doch auch Ferne besteht, und dass diese absolute Differenz der Grund ist, warum die Parallelen, speziell wenn sie die zweier gegensätzlicher Universen sind, faszinieren, und man sie auf eine Linie bringen möchte, und zwar auf die Linie einer Geraden, einer Liebe, die im Unendlichen zu sich selbst zurückkehrt.[68]

[68] Lacan, J., Die Ethik der Psychoanalyse, Seminar VII, Turia & Kant (2016)

Erst dann wäre die Liebe so geläutert, dass sie ihren Namen verdient. Aber so weit muss man nicht gehen, die Liebe wird eher durch sich als *Anderem* erfahren, wenn auch nicht gerade geheiligt, so doch ganz bei sich glücklich machend, wie ich es von der Psychoanalytikerin M. Mitscherlich zitiert habe. Es handelt sich nicht um eine Liebe zum eigenen Ich, noch zu dessen Spiegelungen, die aus dem *Anderen* ja nur einen anderen, ein **a** machen, etwas rein Figürliches. Bei sich sein als *Anderer* bedeutet in der Liebe dasjenige, wie es der Philosoph, der klinische Psychologe und Romanautor Gregorio Kohon beschrieb und was er als „detached love", als gelöste, vom Wahnsinn abgetrennte Form bezeichnete.[69] Wenn Freud sagte, dass die Psychoanalyse Heilung durch Liebe sei, hat er ebenfalls gemeint, dass es sich um eine Liebe im Hintergrund, handelt, ununterscheidbar nah (10^{-31}cm entfernt), und doch dezent, respektvoll.

---

[69] Kohon, G., Love in a time of madness. In Green & Kohon: Love and its vicissitudes, Routledge (2005) S. 41 – 100.

7. Das Reale und das Genießen

Materie oder Geist, pure Kraft oder unsichtbare Energie, Leben oder Tod, alles unsinnige Parallelen, die sozusagen etwas Urtümliches ausdrücken sollen, aber letztlich nur bei den Anti-Parallelen landen. Zuallererst – so sagt Lacan deshalb – existiert „das Reale des Genießens, das auch das Genießen des Realen ist".[70] Man braucht sich also nicht mehr mit dem Higgs-Teilchen oder einer göttlichen Schöpfung herumzuschlagen, und auch die Parallelen für sich allein sind unbrauchbar, weil man mit ihnen und auch mit ihrem Anti nicht so richtig weiterkommt. Seit jeher wurde Euklids Parallelen-Axiom als schwerfällig und unlösbar bezeichnet, in Wirklichkeit ist es Ausdruck einer Zwangsneurose.

Zumindest das hätte Freud Euklid vermittelt, wäre dieser bei ihm in Psychoanalyse gewesen. Auch der Begriff der Unendlichkeit in Euklids Axiom legt eine solche Deutung nahe. Was soll das sein: unendlich? Ist es nicht das Grauenhafteste, was man sich vorstellen mag? Auch wenn es bei Lacan etwas gibt, „das nicht aufhört sich zu schreiben", denn indem die Schrift, der Buchstabe, mit dem Realen zusammenhängt, geht dieser Vorgang trotzdem nicht unendlich weiter, denn im Knoten ist die Dreiheit bestimmend, und es herrscht ein ständiger Wechsel

---

[70] Lacan, J., Seminar XXI, Vortrag vom 12. 3.1974

vor, der das Subjekt ausmacht, bis es im Realen geschrieben wird. Und Subjekte sind nicht unendlich. Nur Zwangsneurotiker wollen dem Begehren keinen Lauf lassen, sie wollen durch die Verdrängung Ewigkeit erreichen, die freilich nicht kommt. Und so hat man eben, wie schon erwähnt, die Nicht-Euklidische Geometrie erfunden, in der Parallelen sich selbst antiklinal überschneiden können und nichts unendlich ist, sondern nur das Genießen und das Reale zusammenwirken (,Sex' als Logik).

Warum ist es besser mit dem Genießen und dem sogenannten Realen anzufangen? Ich habe es in der Abbildung des Knotens schon angezeigt, dass das Genießen des *Anderen* (JA) und das erotisch animierte, ,phallische' Genießen (Jφ) hauptsächlich im Kreis des Realen liegen. Das Reale ist – wie gesagt – nicht die Realität, nicht die behauptete Wirklichkeit, sondern das Wirkende selbst, das real Wirkende. Es ist schwierig einzugrenzen, denn es ist auch die von Freud so genannte ,psychische Realität' nicht immer das Reale, so wie das Universum nur lebloses Reales ist, auch wenn es irgendwo dort einen Planeten wie den unseren gäbe. Der ,Sex' ist falsches Reales und das richtige Reale kann nur symbolisch, also durch sehr, sehr viele Worte und auch sehr umständlich dargestellt werden.[71]

---

[71] Lacan, J., Seminar XXIV, aus Lacan-enziffern.de, Vortrag vom 15. 11. 77

Ich halte Lacan für den umfassendsten Wissenschaftler der heutigen Zeit, der alle, speziell auch subjektbezogene Bereiche in seine frei vorgetragenen Betrachtungen einbezogen hat. Das Reale ist das Echte, von dem nur die Logik als Wissenschaft Zeugnis ablegen kann, sagt er demzufolge. Es durchwirkt alles, auch wenn man es nicht so einfach direkt in den Griff bekommen kann. Und mit dem Genießen ist es genauso. Lacan sagt ausdrücklich, „dass die eigentliche Definition eines Körpers darin besteht, dass er eine ‚substance jouissante' ist," eine genießende Substanz.[72] „Wieso hat das noch nie jemand behauptet? Dies ist das Einzige, abgesehen vom Mythos, das wirklich erfahrbar ist. Ein Körper genießt sich selbst, er genießt es gut oder schlecht . . .," sagt Lacan in dem oben gerade zitierten Seminar XXI.

In diesem Sinne unterstellte Lacan allen lebenden Körpern, auch den Pflanzen, den Bakterien und den Viren ein grundlegendes Genießen, das er die ‚Jouissance' nannte.[73, 74] Eigentlich ist nicht zu sagen, wo dieses unmittelbare, autochthone Genießen anfängt und herkommt. Es bildet mit dem Realen eine primäre Einheit,

---

[72] Lacan, J., Seminaire XXI, Vortrag vom 12. 3. 1974
[73] Lacan, J., Lettres de L'Ècole freudienne, Nr. 16 (1975) S. 192.
[74] Lacan, J., Seminar XXI, Vortrag vom 23. 4. 1974. Auch andere bestätigen diese Auffassung eines Lebens sogar in der Materie, so z. B. Coccia, E., Die Wurzeln der Welt, Eine Philosophie der Pflanzen, dtv (2020)

das allein durch seine Erscheinung wirkt, durch das erwähnte ‚Sich Sehen-Machende‘, durch das Erscheinungs-Wirkende, durch das *Es Strahlt*. Dazu passen die
fluiden Signifikanten, die sich nur in gegensätzlichen Bedeutungseinheiten darstellen, weshalb „die Sprache eigentlich misslungen ist", wie Lacan erneut und zum x-ten
Male giftete.[75] „Und es wäre gut, wenn die Psychoanalyse ... durch das Wort das rückgängig machen könnte,
was durch das Wort gemacht wurde", also das Wieder-
Auffinden des ursprünglichen, naturnahen Genießens.[76]
Es sieht also so aus, als genieße sich etwas im Moment
seiner eigenen Verkörperlichung selbst. Und zwar nicht
nur der eingangs so bezeichnete gestaltlose Körper als
solcher, sondern auch einen derart riesengroßen Körper
wie das Universum?

Aber *Es* braucht dazu ein Wort, ein *Es* Spricht. Alles was
immer am gleichen Platz erscheint – so Lacan – ist unter
anderem ein Zeichen dessen, dass man richtig orientiert
und im Realen ist. Und wenn man dann nachts in der
Wüste, oder wie vom Philosophen I. Kant deutlich hörbar, vom Sternenhimmel entzückt ist (dies war für ihn die
äußere Bestätigung des Realen neben der inneren Bestätigung durch das moralische Gesetz), dann versteht man,
dass das Reale des Genießens das Genießen des Realen

[75] Lacan, J., Seminar XXIV, Vortrag vom 8. 3. 1977
[76] Lacan, J., Seminar XXIV, Vortrag vom 15. 11. 1977

ist, *Es* aber doch auch Kants Worte brauchte. Es gibt viele andere Beispiele, die diese Doppelnatur von Realem und Genießen vermitteln, und ich werde darauf nochmals eingehen. Vorläufig will ich das erst einmal so stehen lassen, auch wenn es nicht besser wird, wenn ich das so sage.

Oder wird es vielleicht immer kurioser, absonderlicher und befremdlicher, all das so zu lesen, denn ich bin grundsätzlich in der Bredouille, etwas vermitteln zu wollen, dessen Wert und Genuss erst dann erfasst wird, wenn man es praktisch erfährt. Kant zu lesen ist immer gut, aber viel zu trocken, zu abgehoben, und in die Wüste zu fahren ist nicht jedem möglich. Doch praktisch erfahren kann man es, wie gesagt, ganz einfach, nämlich so wie im Anhang beschrieben, indem es nur darum geht, zwei Übungen der *Analytischen Psychokatharsis* zu machen. In ihr ist die Katharsis – manche sprechen vom Genuss des ‚Astralen‘ als einer Art von ‚Sex‘ mit den Sternen – ein Kant'sches Genießen. Und wenn sich dann bewahrheitet, dass es eine wissenschaftliche Methode ist, die glücklich macht, würde man es wohl auch glauben.

Allein, der Glaube genügt nicht, denn damit das Glück anhält, muss man es sich immer wieder neu erüben, denn der mythische oder religiöse Glaube ist, so Lacan, „Wahres ohne Reales", und in allem anderen versteckt sich zwar ebenso Reales, nun aber ohne wahr zu sein. Freilich kann man in einer gut gemachten Psychoanalyse Wahres und Reales verbinden, will man es aber direkt erfahren, also das Reale des Genießens als Genießen des Realen, würde man mit der Psychoanalyse alleine nicht zu Rande kommen. Wohl aber mit der im Anhang beschriebenen Verfahren der *Analytischen Psychokatharsis*. Denn darin findet sich ein Moment, in dem die beiden Bereiche, der des Genießens und der des Realen zusammenkommen, was in der klassischen psychoanalytischen Situation unmöglich ist.

Ich versuche dies allein mit dem vorliegenden Text zu erreichen, dass es mit weiterem Üben jedem Einzelnen gelingen kann diesen Konnex zu erfahren. Personen, die mich gut kannten, haben mein theoretisches Gerede nicht gebraucht, aber das ist kein wissenschaftliches Argument. Nun bin ich kein besonders guter Schriftsteller und auch nicht ein leidenschaftlicher Psychoanalytiker. Letzteres zu werden verlangte nämlich einer zur Aufnahme ins Institut am Anfang der Ausbildung zuständiger Lehranalytiker von mir, als ich ihm sagte, ich müsste vorher noch eine allgemeinmedizinische Praxis eröffnen, sonst könnte ich die teure Ausbildung nicht bezahlen. Zudem war ich schon fünf Jahre lang in verschiedenen Kliniken tätig gewesen, wollte nicht ewig weiter nur im Krankenhaus arbeiten, in dem die Arbeit sehr stressig war.[77] Aber

---

[77] Im Kreiskrankenhaus musste man damals (1986) für monatlich 270.- € acht Stunden täglich, zwei- bis dreimal wöchentlich

der Aufnahme Analytiker ließ sich davon nicht überzeugen und meinte, so würde ich kein guter analytischer Psychotherapeut. Für ihn waren gute Psychoanalytiker so etwas wie Herzblut-Therapeuten, die also engagiert und leidenschaftlich bei der Sache waren. Bei der Sache hieß aber speziell: fest eingebunden in die Community des Instituts.

Ich fand nicht den Lehrtherapeuten, der eine ‚Ausstrahlung‘ gehabt hätte und eine schon aus sich heraus wirkende Persönlichkeit gewesen wäre. Doch solch eine Vorstellung galt als Wunsch nach der frühen, alles befriedigenden Mutter, war also nur Zeichen einer Neurose, die zu behandeln man doch die Ausbildung machte. Nun gut, ich erhielt meine Zulassung nach zehn Jahren berufsbegleitender Ausbildung, die mich also befähigte mit Empathie und Durchblick tätig zu werden. Doch das war gar nicht das Erstrebenswerteste, erst nach einiger Zeit habe ich aus den Schriften Lacans erfahren, dass der analytische Psychotherapeut seinen Patienten hauptsächlich mit dem Schweigen behandelt, mit der stillen, aber wirksamen Zurückhaltung eines Stoikers.

Wie mir erst später klar wurde, waren die Lehrer im Institut eben alle geleitet von diesem gemeinsamen Ich-Ideal einer kollektiven Persönlichkeitsstruktur und Vereins-

---

Nachtdienst und jede dritte Woche Wochenenddienst arbeiten. Das war nicht lustig.

zugehörigkeit, die Lacan dazu veranlasste, von den psychoanalytischen Instituten als einer Art von Geheimgesellschaften à la Freimaurer zu reden. Sir klüngeln untereinander, es kommt kein neuer wissenschaftlicher Diskurs zustande. Mit Leidenschaft und zu viel Empathie würde man zwar zu sehr eigene Bestrebungen ins Spiel bringen, und so sollte man vielmehr ein leerer psychischer Spiegel sein, also einer, in dem keiner schon von vornherein drinsteckt, und so die Betrachtung verfälscht. Und wenn man doch etwas reden müsste – so Lacan – sollte man mit der Stimme eines Toten sprechen, also aus dem gleichen Grund wie bei der vollen psychischen Spiegelung, nichts zu lebendig Persönliches oder gar Erotisches in die Beziehung hineinbringen.

Ich musste einen anderen Weg gehen, als der herkömmliche Psychoanalytiker ihn gegangen ist und noch weiterhin geht. Ich konnte mich einfach nicht so ganz in die psychoanalytische Community einbringen, aber ich bin eben auch einen Weg gegangen, der mich zu Lacan geführt hat, der von den herkömmlichen Psychoanalytikern schräg angesehen wird, weil sie ihn nicht verstehen. Ich habe ihn auch nicht verstanden, aber wie ich schon eingangs zitierte, sollte das ja kein Problem sein, Hauptsache man hätte gemerkt, dass an seinen Aussagen etwas dran ist und dass es nicht so sehr aufs ‚Ver-Stehen‘ ankommt, also nicht nur aufs ‚richtig stehen‘. Wichtiger wäre richtig zu begreifen, also das Ganze mit den Händen der Seele

anzufassen. Denn damit käme man dem Konnex von Genießen und Realem gesichert näher. Sind die Seelen-
Hände, in die man beim Sterben seinen Geist legen kann,
wie es in der Bibel vom Psalm 31;6 und von Luk 23;46
stammend heißt, nicht auch ein psychisches ‚Objekt‘, das
therapeutisch nutzbar ist? Kann es ein solches Berüh-
rungs-‚Objekt‘ wirklich geben?

Es ist ja nicht das Plausibelste, dass die Hände, auch wenn
es die von Gott, vom allergrößten *Anderen* sind, so etwas
Ultrafeines und Abgehobenes wie den Geist in die doch
ein bisschen gröberen, greifenden Organe wie die bloßen
Hände nehmen kann. Hätte nicht besser gesagt werden
können: Nimm meinen Geist zu Dir, halte ihn, bewahre
ihn. Dass Hände ihn aufnehmen sollen spricht für etwas
sehr Intimes, greifbar Berührendes und eben für das, was
man psychoanalytisch ein psychisches Berührungs-‚Objekt‘ nennt, das auch offen ist für eine Art von weiterer
Kommunikation. Berührungs-‚Objekt‘ heißt, dass Genießen (Berührung) und Reales (Objekt, Hände) eins sind.

Hat man diese berührenden Hände schon einmal vorher
spüren können? Meine Frage ist berechtigt, denn unter
den ersten Psychoanalytikern gab es einige, die vom psychischen Berührungs-‚Objekt‘ sprachen, vom Hüllen-
oder Haut-Ich als etwas Unbewusstem, das in erster Linie
aus Berührungs-Erfahrungen mit der Mutter – eventuell
noch vor den Geburt – her stammt, aber eine eigene Konsistenz annimmt (Konsistenz: bekanntlich Imaginäres,

dass sich verdichtet). Es handelt sich um ein noch früheres, umfassenderes, diffuseres ‚Objekt' als das weiter oben von mir geschilderte ‚Orale', das an die Mund Zone fixiert ist, und das sich von daher psychoanalytisch fassen lässt. Denn in den Zonen von Körperöffnungen führt des Begehren ein Kreisbewegung aus, bis es zum Effekt, zur Lösung, zur Befriedigung kommt. Ist es also nicht ein sehr frühes, nicht an Zonen gebundenes ‚Objekt', sondern eben ein Berührungs-‚Objekt', in das man – zum Ursprung zurückkehrend – beim Sterben seinen Geist legen kann, um es in Bezug zur Bibel auszudrücken?

Die Psychoanalytiker O. Rank und D. Anzieu, die zu Freud eine etwas außenseiterische Position einnahmen, haben in psychoanalytischer Weise versucht, den Bezug zum Berührungs-‚Objekt' zu beschreiben, um es – nicht religiös, sondern wortwörtlich – in den ‚Griff', in die Hände zu bekommen. Sie zeigten, dass es nicht nur psychische Fixierungen an Zonen, also eine objekthafte psychische Konstanz im Rahmen des Ödipuskomplexes gibt.[78],[79] Ihrer Meinung nach existiert eben auch noch ein zeitlich und topisch Vorgelagertes, das sogenannte Prä-Ödipale (das vor der Ödipussituation gelegene), in Form der genannten Berührungs-Erfahrungen, die wegen der zum Teil vorgeburtlichen Entstehung keine Zone

---

[78] Anzieu, D., Das Haut-Ich, Suhrkamp (1991) S. 203
[79] Rank, O., Das Trauma der Geburt, psycho-sozial Verlag (2007)

aufweist. Wegen dieser Unbestimmtheit, Vielschichtigkeit und Abhängigkeit von ihrer direkten Kommunizierbarkeit könnte das Berührungs-‚Objekt‘ nur im engsten Beieinandersein – wie es ja zwischen Mutter und Kind der Fall ist – zu sinnvoller Wirkung kommen.

Doch wie bleibt es als psychisches ‚Objekt‘ dann noch in den nachkindlichen Phasen des Lebens erhalten, um einer direkten Kommunizierbarkeit weiterhin zu dienen, wie Rank und Anzieu versuchten? Gerade dieses engste Zusammensein auch im weiteren Leben war unter den Frühmenschen noch bis vor ca. vierzigtausend Jahren gang und gäbe. Diese frühen Bewohner unseres Planeten haben die Beziehungen der Menschen untereinander auf ihre Weise viel enger, kompakter und miteinander verbundener erfahren, als der moderne Mensch, weil sie nur in kleinen Gruppen lebten. Ihr Unbewusstes war von vornherein weniger auf zonale ‚Objekte‘ bezogen, sondern einfach mehr berührungsorientiert, am direkten Spüren aufgebaut, wie es auch vom Philosophen D. Heller-Roazen als ‚the inner touch‘ geschildert wurde.[80] Die Frühmenschen wie z. B. die Neandertaler, haben geradezu von Haut-zu-Haut kommuniziert, so als spielten sie noch Mutter/Kleinkind und verständigten sich so sehr körpernah, denn eine Verbal-Sprache war bei ihnen erst

---

[80] Heller-Roazen, D., Der innere Sinn (The Inner Touch), Archäologie eines Gefühls, Fischer (2012)

sehr gering ausgeprägt. Es fehlte noch ein Teil der Kon-
sonanten.

Doch Rank und Anzieu sprachen diesem Tast- und Be-
rührungsbegehren auch heute noch eine eigene Sprach-
und Kommunikationsmacht zu, die eben total verdrängt,
ja psychisch ganz abgespalten wäre. Anzieu beschrieb
genau diesen Aspekt des Getasts, des Berührungs-Ob-
jekts, in seinem Buch ‚Das Haut-Ich‘.[81] Wie Rank sah er
es als ein Ur-Objekt neuro-psychischer Natur an, als ein
Ganz-Körper Phantom. Denn wo ist der Körper mehr
ganz als in seiner Haut? Anzieu nennt dieses Haut-Ich
auch eine phantasmatische Wirklichkeit, die sich vor und
in der Phase nach der Geburt durch die intensive Berührung der Haut der Mutter und der des Kindes ausbildet
und damit eine „Grenzflächen Haut“, also für das Kind
ein zweite Haut, eben die Phantomhaut erzeugt, wie übrigens ja auch beim Oralen die Mutterbrust für das Kind
seine eigenen erweiterten Lippen sind.

Um die Verdrängung und Abspaltung dieses Berührungs-
‚Objekts‘ rückgängig zu machen, entwickelte Rank ein
eigenes psychoanalytisches Vorgehen, das die Deutung
auf den ‚Sex‘, wie bei Freud üblich, vermied. Ihm war
der Inzest-Komplex zu radikal. Rank, der sich in der
Übertragung als das mütterliche Objekt verstand, wollte
den Patienten bei seinen ursprünglichen Phantasien,

---

[81] Anzieu, D., Das Haut-Ich, Suhrkamp (1991)

künstlerischen Gedanken und Gefühlen belassen, und sich ohne Sexualdeutung aus der Projektion befreien. Doch das ging nicht so leicht. Notfalls verkürzte Rank einfach die Sitzungen oder legte von vornherein das Ende der Behandlung fest. Aber die Hauptfrage blieb, wie man das Berührungs-‚Objekt‘, das Haut-Ich, in der Praxis erhalten könnte, dass es seine originäre Berührungs-Intensität, sein Begehren ohne den ‚Sex‘ behält, aus dem man Logik machen könnte.

Sollten die Menschen Rank und Anzieu folgend ständig andere – auch Unbekannte, wenn auch nicht total Fremde – berühren, antasten, intim drücken, um damit irgendetwas zu sagen, wie das die Frühmenschen wohl taten? Der moderne Mensch hat sich davon schon weit entfernt, er hat seine Begreifens-Sprache so andersartig und intensiv zum Verbalen hin ausgebaut, dass es nicht mehr geht, von Haut zu Haut zu kommunizieren. Es ist einfach völlig unmöglich geworden sich ständig hautnah zu sein und zuzufassen. Es gibt keinen Tast-Sprach-Code, keine Befummelungs-Grammatik mehr, im Gegenteil, im allgemein gesellschaftlichen Umgang existiert nur noch der Handschlag, die sozialcodierte Umarmung und das Schulterklopfen. Die Psychoanalytiker sprechen vom Berührungs-Tabu, einem unbewussten Berührungsverbot, und dies vor allem im psychoanalytischen Sprechzimmer.

Die also bei den Frühmenschen, den Neandertalern, die keine oder nur eine rudimentäre Sprache besaßen, gut funktionierende Phantomhaut, hat große kommunikative Bedeutung gehabt, ist aber – wie gesagt – durch den Einsatz von Sprache und Worten völlig ersetzt worden, die dann in einer Art Umkehr eine Art Berührungs-Tabu erzeugten. Zwar existieren Versuche sogenannter Körpertherapien, bei denen der Therapeut auf seinem am Boden liegenden Patienten kniet oder ihn sonst irgendwie bewegt. Er will damit Ur-Erfahrungen aus dem präödipalen Bereich aktivieren und dann darüber sprechen. Aber die Differenz von Körperbehandlung zum analytischen Sprechen ist zu groß, als dass man dadurch effektive Psychoanalyse betreiben könnte. Auch die Köper-Therapeuten können die Abhängigkeit von der Mutter-Imago, vom ‚Ur-Objekt der Libido‘, der ‚Mutter-Sache‘ – wie Lacan sagt – nicht lösen. Die Manipulationen am Körper als einer Form des Berührungs-‚Objekts‘ wirken lange nach, aber irgendwann geht der Effekt verloren, und vor allem wird keine Logik daraus.

In der *Analytischen Psychokatharsis* lässt sich dies ganz anders und doch auch positiv gestalten. Es wird wie in einer Hypnose eine Berührungs-Intensität, ein Berührungs-‚Objekt‘ hergestellt, das durch die monoton wiederholten und nichts definitiv sagenden *Formel-Worte* erzeugt wird. Denn da diese außer der Monotonie eben auch keinen Sinn transportieren, vermitteln sie wie der

Therapeut absolute Neutralität. In der Katharsis, die all das gerade vom Haut-Ich berichtete in Szene setzt und die Mutter-Imago, das libidinöse Ur-‚Objekt‘ wieder-belebt, kommt es dennoch nicht zu einer falschen, übergriffigen oder missverständlichen Reaktion. Denn das Ziel liegt ganz woanders, es liegt nicht in den Manipulationen, die wunderbare Brührungen zum Ziel haben, sondern befindet sich in den *Pass-Worten*, wo die die gültige Wahrheit über die ‚Objekte‘ zu erfahren ist. Der zugrunde-liegende Konflikt wird nicht mit der Mutter-Imago inzestuös ausgelebt, sondern durch die *Formel-Worte* so lange im Zaum gehalten, bis beim Übergang von der ersten zur zweiten Übung der *Analytischen Psychokatharsis* ein kathartisches Genießen des Realen, das das Reale des Genießens ist, erreicht ist, indem es vom *Pass-Wort* gekrönt wird.

Denn nur so kann das Berührungs-Objekt, das Getast, in den Reifungsprozess mit einbezogen werden, dass man es in seiner Intensität zwar wahrnehmen kann (Katharsis, Empfindung eines Körper-Durchrieselns) aber nicht in ihm hängen bleibt, weil am Höhepunkt des Erscheinungs-Wirkenden, im Erfahren der Katharsis und dem Wechsel zu zweiten Übung das Wort-Wirkende zum Zug kommt, wo ein *Pass-Wort* als Deutung zu hören ist. Damit, mit dem Erfahren der Katharsis als eines Berührungs-‚Objekts‘, kommt man aus dem Gefahrenbereich der Mutter-Imago, des Ur-‚Objekts‘ heraus, weil sogleich

der Bereich der psychoanalytischen Deutung, des Wahrheits-Sinns, zur Geltung kommt. Die Seelen-Hände als
Berührungs-‚Objekt' lassen nunmehr den Geist zu Wort
kommen. Die Katharsis als ‚Sex' führt zum *Pass-Wort* als
Logik.

Schon das *Formel-Wort* selbst ist solch ein Berührungs-
Objekt, denn es bleibt ja beim reinen Wortcharakter nicht
stehen, sondern ist am Begreifen durch seine – neben der
‚sprachlichen' – eben auch ‚kristallinen' Struktur beteiligt.[82] Bewusstes Denken oder gar bewusst bestimmte
Formulierungen, die man in einer Meditation in sich gedanklich wiederholen soll, regen das Unbewusste nicht
an, aber solch ein *Formel-Wort* – vor allem, wenn es
durch weitere *Formel-Worte*, notfalls bis zu fünf, gestützt
wird, ist gezwungen dies libidinös berührend zu tun. Das
Unbewusste wird genau an den Schnittstellen der
B(r)uchstaben evoziert, provoziert, eine Aussage herauszugeben, aber es führt auch zu einer Wiedererweckung
des Berührungs-‚Objekts', das in der Meditation für die
Enthüllung des Verdrängten und Abgespaltenen verant-
wortlich ist. Während das *Pass-Wort* das definitive Ziel
der *Analytischen Psychokatharsis* ist, kann man das

---

[82] Ich habe schon eingangs erwähnt, dass Lacan das Unbewusste
auch einen ‚sprachlichen', bzw. ‚linguistischen Kristall' nennt, das
Kristalline im *Formel-Wort* sind die einzelnen B(r)uchstaben, die
durch Schnittstellen getrennten Satzstücke und der Kreis, in dem
sie aufgeführt sind.

‚Durchrieseln', die Katharsis, als vordergründiges Ziel ansehen. Beide sind psychische Objekte, haben also Objektcharakter.

Aber sie sind, wie am Beispiel der Hypnose gezeigt, eng verbunden. Ich war lange Zeit Mitglied in der ‚Ärztlichen Gesellschaft für autogenes Training und Hypnose' und konnte dort erfahren, wie der Klient, bzw. Patient im hypnotischen Zustand ein glücklich befreiendes Genießen erlebt, also eine Katharsis, allerdings in Abhängigkeit von der säuselnden Stimme des Therapeuten. Es geht um ein durchschauert-, durchrieselt-Sein im Körperbild, also in der Verfassung, in der man sich von innen her körperlich wahrnimmt oder einfach: kathartisch körperlich da ist. Doch durch das *Formel-Wort* gesteuert, fällt die Abhängigkeit von der Stimme weg, man verbleibt zwar im befreienden Genießen, wird aber zur eigenen Stimme, zur Stimme des *Anderen*, im Unbewussten geleitet, die im *Pass-Wort* in einer Deutung gipfelt. Damit passiert etwas völlig vom Psychoanalyse und Hypnose Unterschiedenes erreicht.

Das Verdrängte, das seelisch Abgespaltene, das wie gesagt nach außen drängt, offenbart in seiner durch das psychoanalytische Vorgehen enthüllte Aussage eine Zutreffendheit und Wahrheit, in der aber das Berührungs-,Objekt' kathartisch mitspielt, was bei den meisten Therapeuten und auch bei Lacan nicht diese entscheidende Rolle beinhaltet. Das heißt, gerade in seinem Statement vom Realem des Genießens, das auch das Genießen des Realen ist, spitzt sich etwas zu, das das Berührungs-Objekt betrifft, indem es (fast) gleichzeitig zur wort-wirkenden Deutung kommt. Denn wie soll sich diese Doppelnatur fassen lassen, als in solch einer Zuspitzung, die freilich im klassischen psychoanalytischen Vorgehen keine Realisierung bietet. Aber durch den meditativen Anteil in der *Analytischen Psychokatharsis*, kann sich das Berührungsobjekt tatsächlich als etwas begreifen lassen, das Genießen und Reales verbindet als kathartisch zur Deutung, zum Wahrheits-Sinneffekt führend. ‚Sex' als Logik ist zu einem einheitlichen Vorgang geworden.

Nochmals zusammengefasst: Die in der *Analytischen Psychokatharsis* wahrzunehmende Stimme, wird durch die monotone und wiederholte Provokation des oder der *Formel-Worte* provoziert, eine Provokation, die jedoch zu einer Katharsis, zu einer Berührungserfahrung führt, und die einen nicht zu einem Taumel in dieser Mutter-Sache als Ur-‚Objekt' des Begehrens bringt. Denn die Sprachstruktur des *Formel-Wortes* verhindert, selbst wenn sich überlappender Sprach-Sinn darin findet, eine derartige Rückkehr, sondern stimuliert das ebenso strukturierte Unbewusste, einen eigenen, vorher verdrängten Sinn herauszugeben. Es passiert Reales mitten im Genießen, Logik mitten im ‚Sex'.

8. KI, Nanotechnologie und das Vorbewusste

Während man sich noch vor 20 Jahren über die Cis- oder Trans-Gender Diskussionen echauffieren konnte, muss man es jetzt über die zunehmende Häufigkeit und das Grauen der zahlreichen, weltweiten Kriege tun. Der Krieg bezüglich der Falkland Inseln war grotesk genug, aber das mörderische Abschlachten im Gebiet des ehemaligen Jugoslawiens, die Kriege in Syrien, im Kongo, in der Ukraine, im Gazastreifen und im Sudan waren – und sind es z.T. jetzt noch – an Schande, Böswilligkeit und Brutalität nicht mehr zu überbieten. Noch Marx meinte, wie viele andere vor ihm, jeder Einzelne müsste etwas für den Fortschritt der Menschheit tun, doch er selber erlebte in der Pariser Kommune von 1870/71 selbst solch eine Katastrophe.

Wenn ich jetzt sage, in der *Analytischen Psychokatharsis* bestünde eine Möglichkeit zu einer derartigen grundsätzlichen Verbesserung der menschlichen Beziehung durch den Einzelnen, klingt dies nicht glaubhafter. Auch Freud hat gedacht, dass die Psychoanalyse die erstarren Religionen, speziell den Katholizismus, der Hemmschuh für Weiterentwicklung und Befreiung sei, überwinden könnte, doch es hat sich als falsch erwiesen. Die Papstwahl im Mai 2025 war von einem tosenden Applaus zigtausender Menschen gekrönt, aber es wird sich nichts dadurch ändern. Und die Einsicht, dass Diktatoren durch absolut nichts in ihrem rücksichtslosen Fanatismus geändert werden können, hat sich immer noch nicht durchgesetzt, wie man an der weltweit zunehmenden Rechtsautokratie sehen kann. Man muss in der Psychiatrie gearbeitet haben, um zu wissen, dass ein Cäsarenwahn genauso wie jede andere Paranoia durch nichts aufzuhalten ist. Die preisgekrönte Historikerin A. Applebaum hat dies durch ihre Arbeit eindeutig bewiesen, doch das kümmert niemand.[83] Die egomanische Überzeugung im Imaginär/Realen ist so fundamental wie nichts sonst.

Deswegen nützen auch die besten Philosophien, Politiken und wissenschaftlich begründeten Erklärungen nichts, um auch nur den geringsten Fortschritt in der Menschheit zu erzielen, denn allen wohnt ein Mindestmaß an Überzeugungswahn inne. Es fehlt etwas schlagkräftig Symbolisches im perfekten Zusammenhang mit dem Imaginären und Realen im Knoten engagierter Einzelner. Ich habe dies alles bereits mit den Kritiken an der Sprache und dem Sprechen, wie sie Lacan formuliert, gezeigt. Wenn die Sprache, das Symbolische schwächelt, greift das unbewusst Real/Imaginäre zu, und die Bilderflut hat beim Menschen kein instinktives Regulativ mehr.

---

[83] Applebaum, A., Die Achse der Autokraten, Korruption, Kontrolle, Propaganda: Wie Diktatoren sich gegenseitig an der Macht halten, Siedler (2024)

Das hat man eben an der Transgender Thematik gesehen, und erlebt es jetzt am Autokratismus.

Aber vielleicht kann man die Lösung doch noch von daher bekommen, dass man Einzelne vom Weg nach innen überzeugt und sie dann nach außen gehen lässt. Natürlich gibt es männliche Frauen und weibliche Männer, aber eine perfekte, durchgestylte (psychisch, sozial und biologisch) Transgender-Person existiert nicht. Ich habe an anderer Stelle ausführlich dazu Stellung genommen mit dem Fazit, dass der oder die Transgender-Person das Unpassend- und Unglücklich-Sein im biologischen Geschlecht gar nicht durch die andere, aber letztlich doch für beide gleiche ‚phallisch‘ geformte Sexualität ersetzen möchte, sondern durch die geänderte andere Sichtbarkeit, durch die augenscheinliche Evidenz, endlich als richtig und normal gelten zu können.[84] Und um damit kommun mit anderen der verschiedensten Geschlechter zu sein, ‚Sex‘ als Normvariable. Sichtbare Evidenz, das bezieht sich aufs Imaginär/Reale.

Ich zitierte in einer anderen Veröffentlichung die ‚Metapher-Forscherin‘ T. Schachl mit der Erkenntnis, dass die Transgender-Problematik in „der Betonung des ‚Sehens‘, also der ‚Sichtbarkeit‘ und der ‚Bilder‘ liegt. Sie spricht vom ‚Banner der Sichtbarkeit‘, für das ein ungeheuer hoher Preis gezahlt wird“, um dieses perfekte Bild des um

---

[84] Hummel, v. G., Minus Null, BoD (2025)

die zwei Ecken des generell Geschlechtlichen, also nicht unbedingt Sexuellen, aber des möglichst ‚sexual' Normalen sich Drehenden darstellen zu können.[85] Der Transgender fühlt sich in seinem Erstgeschlecht nicht wahrgenommen, nicht bestätigt, und so versucht er um dieser Bestätigung und des Wahrgenommen-Seins willen, das Geschlecht zu wechseln, weil er gesehen hat und glaubt, dass es in dieser Form funktionieren wird, *normal* funktionieren wird. Die Betonung liegt auf der Vorstellung der Eingepasstheit, der Zuständigkeit, der Normierung. Man will Transgender sein, aber *normaler* Transgender.

Das Problem des zu sehr isolierten Imaginär/Realen ist gut am Transvestiten zu sehen, der glaubt, sich als Frau zu zeigen, in Wirklichkeit aber das männliche Geschlecht unter den Kleidern der als dem totalen Objekt verstandenen Mutter trägt. Er triumphiert als Mann/Frau, versteckt aber die ‚phallische Mutter' unter seinem Outfit. Aber würde ihm eine solche Erklärung helfen? Nein, die Überzeugung, die Paranoia, die Besessenheit ist zu stark. Deswegen hat sich auch schon früher, als man noch glaubte, Homosexuelle therapieren zu müssen, kein Homosexueller im Geringsten geändert. Man kann es vielleicht anders herum ausdrücken, um was es geht:

---

[85] Schachl, T., Transsexuell, eine sichtbare Bewegung ins Unsichtbare, Profil (1997)

Denn anders ausgedrückt: latent sind wir alle Transgender, wir sind aber mit dem uns angeborenen und sozial weiter formenden Geschlecht (sex und gender) irgendwie einigermaßen zurande gekommen und brauchen deswegen keine Veränderung und Diskussion darüber. Allerdings heißt ,einigermaßen' nicht, dass es einfach ist, in der herkömmlichen, heterosexuellen Art zu reüssieren. Schon Freud sagte, dass – beispielsweise – der Mann sich ziemlich bemühen muss, den „Durchbruch zum Weibe zu schaffen". Und Lacan drückt sich so aus: „dass es nicht unmöglich ist, dass der Mann nicht existiert, indem vom Realen her die Frau Beziehung zur (symbolischen) Kastration hat. Es ist auch nicht unmöglich, dass die Frau Beziehung zur phallischen Funktion besitzt".[86]

Übersetzt in Alltagssprache: Von Seiten der Frau kann es immer eine Zurückweisung der erotischen Annäherung des Mannes geben, manchmal muss er sie erst in den siebten Himmel bringen, oder andere ähnliche Beweise seiner Liebe vorweisen, bevor eine Intimität, eine Eroberung, eine Heirat, möglich ist. Auch das ist eine Art Sichtbarkeitskampf, und zwar ums männliche Heterosexuelle. In der Biographie über Stefan George konnte man lesen, dass solch eine Zurückweisung, solch eine ,symbolische Kastration' durch eine Frau, ihn veranlasst hat, sich den smarten jungen Männern zuzuwenden. Warum sollen es

---

[86] Lacan, J., Séminaire XIX, Edition Seuil, S. 48

dann die Transgender leichter haben? Auch für diejenigen, die sich ‚non binär' nennen, ist es nicht leicht, obwohl sie sich zu keinem Geschlecht bekennen müssen. Sie weichen dem mühseligen pubertären Identitätskampf aus, aber müssen dafür noch mehr unter Nicht-Anerkennung leiden.

Die Hetero-Frau hat es auch nicht besser, sie muss den Richtigen finden, richtig in jeder Beziehung, und das ist meist nicht gleich zu sehen. Allerdings „täuscht die Frau sich nie, jedenfalls nicht in der Ehe", doch dahin muss sie ja erst einmal kommen.[87] Und so hat jede Form von Trans- oder Nicht-Trans-Gender seine eigenen Rituale und Strukturen, von denen keine sozial besser ist als die andere. Etwas Spezielles ist lediglich der Bezug zum Gesellschaftlichen als Normierung, als gesetzlicher Instanz oder wie ich es bereits erwähnt habe, als der ‚senkrechten' Struktur der Geschlechter. Wenn die ‚waagrechte' Struktur in der Horizontalen der Beziehungen liegt, liegt in der Senkrechten die vom Urgroßvater bis herunter zu den Enkeln und Urenkeln, in der auch schon immer die gleichen Signifikanten ausgetauscht wurden und weiter werden, weshalb man seinen Namen und seine Sprache von daher hat.

Ich will also eine Praxis anbieten, die die Bewegung zwischen Identifizierung und ‚Objektbeziehung' ähnlich wie

---

[87] Lacan, J., Séminaire XXI, Staferla free, Vortag vom 13. 11. 1973

in einer Psychoanalyse erleichtert, aber ohne die ständige
Gegenwart des Therapeuten, der – so Lacan – der größte
Widerstand in der psychoanalytischen Behandlung sein
kann.[88] Das Ziel der Reife und der Variabilität zwischen
den Parallelen durch Selbstanalyse, durch Übungen eines
analytisch-meditativen Verfahrens kann allein, also auch
ohne physische Präsenz eines Therapeuten erreicht werden, dessen Gegenübertragung eine unbewusste Reaktion ist, die zu der Übertragung des Patienten parallel
läuft, anstatt die Anti-Parallelität zu nutzen, die aus der
Gegenübertragung eine vom Begehren erleuchtete Beziehung machen würde.

 Ich habe die zwei Übungen schon er-
wähnt, die erste, wo man die Zeichen,
die Signifikanten, die formelartig zu-
sammengebauten Buchstaben gedanklich in sich wiederholt – und das geht natürlich wiederum nur mit verstehbaren Zeichen, Buchstaben also, die ich also gerne auch B(r)uchstaben nenne,
weil es sich um solche handelt, die sich eben zu nichts
Sagbarem verbinden, sondern zerstückelt sind. Sie sind
aber nicht willkürlich zerstückelt, sondern nach einem
klaren, und dem Ganzen inhärenten Prinzip erstellt. Es
handelt sich um Buchstaben, die in einem einzigen, im

---

[88] In der Psychoanalyse überträgt der Patient Bedeutungen auf
den Therapeuten, worauf dieser mit einer ‚Gegenübertragung'
reagiert.

Kreis geschriebenen Schriftzug mehrere Bedeutungen aufweisen, je nachdem von welchem Buchstaben aus man sie liest. Die nebenstehende Abbildung zeigt zumindest noch einmal solch ein Objekt, hinter dem das Lateinische steckt, aber man könnte auch andere Sprachen verwenden. Sichtbar ist, dass man im Uhrzeigersinn lesen soll.

Es handelt sich also um eine Psychoanalyse, die man im eigenen Inneren absolviert, wobei der Analytiker, das ‚Objekt der Übertragung‘, aus dem gezeigten B(r)uchstaben-Kreis besteht, aus dem – wie schon angedeutet – das Unbewusste direkt eine Antwort gibt, wenn es, wie gesagt, gedanklich mit einem „linguistischen Kristall" konfrontiert wird, in dessen Form das Unbewusste selbst aufgebaut ist.[89] Das Kristalline ist der in sich geschlossene Kreis der Zeichen, das Linguistische das Interface der B(r)uchstaben. Ich liste einige der in der obigen Abbildung enthaltenen Bedeutungen hier schon einmal auf, es sind aber noch weitere vorhanden. Die einzelnen Bedeutungen sind nicht besonders geistreich oder im allgemeinen Sprachumgang üblich, aber darauf kommt es nicht an.

Es kommt darauf an, dass ein so rein gedanklich wiederholter „linguistischer Kristall" das Unbewusste anregt, etwas von sich preiszugeben. Weil das mystisch

---

[89] Lacan, J., Seminar XX, vom 10. 4. 73

erscheint, habe ich und will ich dann doch noch in der Folge ein paar die Wissenschaft stützenden Erklärungen abgeben, die notwendig sind. An sich kann man die einzelnen Bedeutungen wieder vergessen, wichtig ist nur, dass gerade durch die vielen Bedeutungen die Formulierung selbst zur Unbedeutlichkeit gemacht wird, denn die eigentliche Aussage sollte eben das Unbewusste selbst geben. Kaum eine der Bedeutungen passt mit einer anderen zu einer einheitlichen Aussage zusammen, schon gar nicht stören sie durch einen vorgefassten Sinn, doch gerade dadurch, dass sie als Gesamtes nichts bedeuten, wirken sie.

A RE VIDEOR	Ich werde von etwas gesehen
DE ORARE VI	Vom Sprechen mit Überzeugungskraft
VIDEO RARE	Ich nehme ungewöhnlich wahr
REVIDE ORA	Schau wieder hin, sprich!
IDEO RARE V	Deswegen selten Fünf

Auf jeden Fall handelt es sich bei dieser Struktur, die wie ein Stempel aussieht, die man bei der gedanklichen Wiederholung dem Unbewussten aufdrückt, um die gleiche Struktur, die dem Unbewussten selbst innewohnt. Sie zu wecken führt dazu, dass das Unbewusste selbst eine Reaktion sprachlicher Art zurückgibt. Und zwar wird genau das zurückgegeben, „was im Unbewussten danach drängt, sich erkennen zu geben", wie ich schon mehrmals

gesagt habe.[90] Nichts weniger als das will man schließlich ja auch wissen, will auch der psychoanalytische
Therapeut aus dem Unbewussten seines Patienten her-
aushören, und kann man mit der Methode des gedanklichen Wiederholens der *Formel-Worte* selbst in sich hören. Es ist das, was man verdrängt hat oder noch ander-
weitig in sich psychisch ganz abgespalten ist.

Darum geht es in der Hauptsache, will man nicht nur sich,
sondern auch die Welt von einem persönlichen Stand-
punkt her verstehen. Nach dem Bewusstseins-Forscher
G. Tononi „hängt das Maß des Bewusstseins von der
Struktur des zu Grunde liegenden Substrats ab".[91] Je zu-
sammenhängender ein Substrat ist, desto bewusster ist es.
Gemäß dieser Theorie wäre Kognition also keineswegs
auf Lebewesen beschränkt", schreiben zwei weitere Wissenschaftler Tononis Konzept entsprechend im Spektrum
der Wissenschaft.[92] Und: „So kann man ebenso einem
Schaltkreis, einem Computer oder einem Stein ein gewis-
ses Maß von Bewusstsein zuordnen – auch wenn es sehr
klein ausfallen mag". Klingt befremdlich. Aber wenn das

---

[90] Lacan, J., Seminar IX, Die Identifizierung, 7. Vortrag.
[91] Tononi, G. et al., Integrated information theory: From con-
sciousness to its physical substrate. Nature Reviews Neuro-
science 17 (2016)
[92] Krauß, P., Maier, A., Bewusstsein, Spektrum der Wissenschaft
7 (2021) S. 12-20

Bewusste sehr klein ausfällt, hat vielleicht das Unbewusste mehr Bedeutung.

Ich glaube zwar nicht an Herrn Wohlleben, der schreibt „was Bäume fühlen und wie sie kommunizieren".[93] Denn die selbst im Wurzel-Myzel stattfindenden Vorgänge sind keinesfalls so sichtbar, dass sie wie Menschen agieren, emotional sind oder gar sprechen, also echt kommunizieren. Doch so versteht er sie. Aber ein klein bisschen was steckt schon dahinter, dennoch handelt es sich nur um rein physiologische, biologische, netzweckartige Vorgänge im Myzel, ein Ausdruck den Lacan auch für den Zusammenhang vom Unbewussten und dem sogenannten Vorbewussten verwendet. Genau der Ebene des Vorbewussten entspricht der B(r)uchstaben-Kreis, denn in ihm ist Unbewusstes im Übergang zum Bewussten vorhanden.

Für die Psychoanalyse ist das Denken ein unbewusster Affekt, doch das bekannte ‚ich denke, also . . .‘ von Descartes befindet sich bereits im Vorbewussten, und Descartes versucht es durch sein Philosophieren bewusster und verständlicher zu machen.[94] Doch der B(r)uchstaben-Kreis ist keine Philosophie, die nur um etwas herumredet und die ja das Unbewusste gar nicht kennt. Diese im Kreis geschriebene Formulierung hat vielmehr Anteil

---

[93] Wohlleben, P., Das geheime Leben der Bäume, Heyne (2019)
[94] Lacan, J., Seminar IX, Version Staferla free vom 10. 1. 1962

am primär Unbewussten, kann aber, da es auch vorbewusste Anteile enthält, durch die Selbstanalyse geöffnet
werden, ohne wieder im Unbewussten zu versinken, sondern die unbewussten Original-Gedanken ins Bewusstsein heben.

Nochmals: ich postuliere ein Unbewusstes (das Genießen
des Realen, das auch das Reale des Genießens ist) als Beginn der Welt, des Universums und vor allem des Menschen im Berührungs-‚Objekt‘, und versuche eine Möglichkeit in einem Verfahren zu geben, in dem man sich
selbst, autochthon sozusagen, eine Kenntnis durch
Selbstanalyse davon verschaffen kann. Noch ist das alles
nicht genug begründet, denn ich will ja auch wissenschaftlich vorgehen, und zwar in dem Sinne wie Lacan in
seinen fünfundzwanzig Seminaren vorgegangen ist, worin aber auch zahlreiche andere Autoren zu Wort kommen. Es soll wirklich um eine profunde Angelegenheit
gehen, weshalb ich erneut (nur kurz) zum Anfang zurück
gehen muss.

Anfang, das heißt, zurück zu meinem Bericht über die
Sendung in 3SAT über das Thema: ‚Wer regiert die
Welt‘? Herausgekommen war, dass es ein Konglomerat
aus Unternehmen, aus politischer Macht und aus der sogenannten Super-Intelligenz, gibt, deren Ersteres Geldmacht bedeutet, die hunderte von Milliarden, ja Billionen
weltweit umsetzt. Deren Zweites, die politische Macht,
als Gruppe von ein paar Diktatoren auftritt, und deren

Drittes als angebliche Super-Gescheitheit nur aus dem zwangsneurotischen Vorgehen eines ‚savoir pour savoir‘, eines Wissen um des Wissens willen, besteht. Alles kann möglichst sachbezogen, kalt, und futuristisch erklärt werden. Speziell zu Letzterem, zur Super-Intelligenz, muss noch etwas ergänzt werden.

Denn auch in der Diskussion auf 3SAT trat ein Wissenschaftler auf, der ähnlich wie Kurzweil davon berichtete, dass schon in den nächsten vierzig Jahren der Mensch nicht mehr seinen biologischen Körper benötigen würde, da man nur noch den Super-Computer und seinen Datenspeicher braucht, um ihn selbst ganz zu ersetzen, beziehungsweise neu aufzubauen. Sein Ich, sein Bewusstsein, sein Denken und sein Gedächtnis, alles würde in besser zugänglicher Form in ihm als perfekten Roboter zugänglich und lebbar sein. Schließlich sei Leben, wie man ja aus Myriaden von Lebewesen weiß, nichts anderes als ein hochintelligentes zentrales System, das biologisch nicht lange existieren könne, während es technologisch, wenn auch vielleicht nicht unbegrenzt, so doch tausend Mal länger lebensfähig sei.

Dass hinter diesen Beschreibungen, Annahmen und Definitionen ein genereller Irrtum steckt, begreift man eigentlich sofort, man weiß nur nicht genau, worin er exakt besteht. Von den einzelnen Vorgängen, Konstruktionen und Vorstellungen her, kann man vieles, ja sogar das meiste nachvollziehen. Doch wo liegt der Kurzschluss?

Er liegt in der Verleugnung des Unbewussten, des Subjekts und des Begehrens (‚Sex‘) als der eigentlichen Kraft des Systems. Er liegt darin, dass man nicht verstanden hat, dass es sexuelle Beziehungen gar nicht gibt, denn sie sind keine Beziehungen, sondern nur Begebenheiten, Geschehnisse und wahnsinnige Lustigkeiten. Genau deswegen, weil sie keine Beziehungen sind, also nicht das, wo das eigentliche Genießen stattfindet, hätten die Menschen – so Lacan – zu sprechen begonnen, doch auch darin, hätten sie sich wieder verfangen, wie ich schon zwei, drei Mal erwähnte.

Verfangen im Geld-, Macht- und Intelligenz-Diskurs, worin sie weiter herumspinnen. Denn alle, vor allem auch die KI, kennen – wie schon gesagt – das Unbewusste nicht und auch vom Vorbewussten haben sie keine Ahnung. Was das Vorbewusste angeht, drückt sich Lacan so aus: „Das Subjekt, mit dem wir es zu tun haben, vor allem, wenn wir versuchen, es als das unbewusste Subjekt zu artikulieren, enthält eine andere Verfasstheit der Grenze: das, worum es beim Vorbewussten geht, insofern das, was uns am Vorbewussten interessiert, eine Sprache ist, und zwar eine Sprache, wie wir sie tatsächlich nicht nur als gesprochene sehen und hören, sondern wie sie unsere Gedanken skandiert, sie artikuliert [Anfangssprachlches]. . . Das Vorbewusste ist, kurz gesagt, bereits im

Realen."[95] Es ist also immer schon irgendwo da und gleichzeitig mit dem Menschen meist in einer – laut Lacan – „idealistischen Verstrickung" verbunden. Es handelt sich um die typische Verstrickung durch ein überhandnehmendes Imaginäres, Erscheinungs-Wirkendes.

Die Verstrickung ist bei der KI, wo es sie auch gibt, nicht idealistisch, sondern mechanisch und algorithmisch, und das heißt genauso in einer problematisch und fragwürdigen Form. Denn Algorithmen sind im Grunde genommen nur sehr komplexe sprachlich formulierte Rechenvorgänge, die man nicht auf Anhieb durchschaut, aber sie sind nur fremd und nicht, wie oben vom Unbewussten gesagt, total als *Anderes* strukturiert. Man kann mit Algorithmen vielschichtige Klassifizierungen erstellen, doch damit sind nur sehr umfangreiche, mechanische oder mathematische Einteilungen und Zugehörigkeits-Zuweisungen gemeint, nicht so etwas wie die bewusst-unbewussten und nun vielleicht auch vorbewussten Weisheiten über das Reale und das Genießen oder über einen selbst.

„Wenn der Mensch bemerkt oder zu bemerken glaubt", so Lacan weiter, „dass er von den Dingen immer nur Vorstellungen (*idées*) hat, dass er von den Dingen also letztlich nur die Vorstellungen kennt, liegt das daran, dass diese Verpackung in ein [vorbewusstes] Diskursuniversum bereits in der Welt der Dinge etwas ist, woraus er sich

---

95 Lacan, J., Seminar Nr. IX, Vortrag vom 10. 1. 1962

absolut nicht lösen kann". Und so sehe ich auch die Funktion der KI und ihrer so überwältigenden LLM, ihrer Sprach- und Gedanken-Programme, die eben – Chalmers und Kurzweil zufolge – auf dem Niveau der menschlichen Intelligenz liegt (oder bald liegen wird), dennoch aber nur zu kurz greifendem Mentalisieren, nicht zum Wahrheits-Sinn-, sondern nur zum Bedeutungs-Denken fähig sind, zum Vorbewussten.

Wie gesagt, muss das niemand Angst machen, man fürchtet sich ja auch nicht davor, was supergescheite Professoren in den Universitäten produzieren. Die Gefahr liegt in den missbräuchlichen Verwendungen, aber dass die KI, exakt weil sie als Maschine kein Bewusstsein hat, aber auch – und das wird entscheidend sein – aus Vorbewusstem besteht, macht sie interessant. Denn so hat sie Teil am Diskursuniversum, am universellen Diskurs, kann also auch noch weiter um menschliche Grenzen hinauswachsen, verbleibt aber auch wie die meisten Menschen in der oben genannten idealistischen Verstrickung, kann also über eine kurzgegriffene ‚Denkidentität', wie Freud dies bereist nannte, nicht hinauskommen.

Das hört sich nicht einfach an, deswegen versuche ich es noch einmal anders zu sagen. Nach Aussage der genannten Futuristen sind Mensch und KI perfekte Roboter. Sie können sprechen, haben eine ‚Denkidentität' und sind gut in ein Diskursuniversum wort-wirkend eingebunden. Aber was ist mit dem Erscheinungs-Wirkenden, mit dem was als real erscheint, kommt und geht und Sichtbarkeit hat. Das Denken ist nicht leer, aber an die Sprache in ihrer ‚leeren Form‘, an die Anfangssprachlichkeit gebunden und wird von daher gesteuert. Aber die damit erscheinenden Dinge, Objekte, sind unzählig, uferlos und nur mühevoll in einen konkreten Zusammenhang zu bringen. Daran können auch die Futuristen nichts ändern. Im Gegenteil, sie müssen noch ganz gewaltig Zusätzliches in ihre Betrachtungen einfügen, wie z. B. Panprotopsychismus und die Nanotechnologie, um ihre Mangelhaftigkeit zu übertünchen, die gegenüber einem ‚vollen Sprechen‘ bestehen würde.

Daher erneut zum Vorbewussten, das also aus den imaginären, anfangssprachlichen Zeichen besteht, aus reinem Lexikon. Es ist das System der blanden Benennungen, das Lacan auch die Sprachmauer hieß, oder das bereits erwähnte ‚leere Sprechen‘, das er eben dem ‚wahren, dem vollen Sprechen‘ gegenüberstellte. Die unten stehende Abbildung zeigt diese Verhältnisse schematisch. Freud band das Vorbewusste direkt an das Ich, bei Lacan wird diese vorbewusste, imaginäre Beziehung durch das vermittelt, was eben durch die Mauer aus Sprachzeichen gestützt wird, aber keine ausgeprägte, volle, wahre, bedeutsame Sprache ist. Auf dieser Schiene vom Ich, bzw. von a nach a‘ spielen sich diese Spiegelungs-Beziehungen ab, die zwischen kleinkindlichen Spielkameraden, Partei-Genossen (fixierte Community) oder dem ich und seinen Mehrlust-‚Objekten' bestehen, die eben auch nichts hochgradig Wahres, Ernstes, Reifes untereinander kommunizieren.

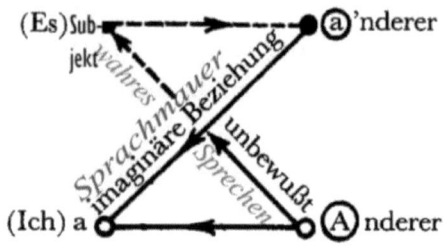

"Sie sind auf der anderen Seite der Sprachmauer, da, wo ich Sie im Prinzip niemals erreiche", referierte Lacan seinen Zuhörern gegenüber. „Im Grunde sind Sie's, die ich anvisiere, jedes Mal, wenn ich ein wahres Sprechen artikuliere, aber ich erreiche immer nur *a, a'*, per Reflexion. Ich visiere immer die wahren Subjekte, und ich muss mich bescheiden mit Schatten. Das Subjekt ist von den Anderen, vom wahren *Anderen,* durch die Sprachmauer getrennt," fasste Lacan die Diskussion um das obige Schema zusammen.[96] Im Punkt a' kann man auch die Mutter einsetzen, denn die Kommunikation zwischen Mutter und dem Ich des Kleinkindes leidet unter dieser Sprachmauer, die Bildhaftes, Gefühle, Erscheinungs-Wirkendes und Reverie-Geplapper noch vor dem

---

[96] Lacan, J., Funktion und Feld des Sprechens und der Sprache in der Psychoanalyse, Schriften I, S. 124, 145.

Hinübergehen zum Wort-Wirkenden des vollen Sprechens, einer wahren, anspruchsvoll definitiven Ausdrucksweise, gegenüberstellt.

Nochmals: „Die Beziehung zwischen dem Ich und dem anderen (klein geschrieben) wird beim Menschen durch die ‚Sprachmauer' gehalten, durch das System der Benennungen, in Freuds Terminologie: durch die Wortvorstellungen des Vorbewussten. Die Interferenz zwischen der imaginären Beziehung und der Sprachmauer erzeugt eine falsche, aber verifizierte Realität von Objekten. . . Das imaginäre Verhältnis a-a' erzeugt die Missverständnisse, auf denen die gewöhnliche Kommunikation beruht. Kommunikation beruht also meist auf einer Art Projektion. Das Symbolische wird von Lacan nicht für die Beziehung zwischen dem Subjekt und dem groß zu schreibenden, bedeutenden *Anderen* reserviert; das Symbolische interferiert, in der Form einer Sprachmauer, in Form des Benennungssystems, in das Verhältnis zwischen dem Ich und dem anderen (klein geschrieben)".[97]

Noch einfacher ausgedrückt: Tiere haben keine volle Symbolsprache, sondern nur eine Signalsprache. Damit vermitteln sie genauso diesen Unterschied, den die Sprachmauer vermittelt. Denn mit den Lautsignalen oder gestischen Zeichen kommen sie nicht zu einer anspruchsvollen symbolischen Kommunikation, auch wenn man

---

[97] Nemitz, R., in lacan-entziffern.de, Schema L.

ihnen mit viel Mühe etliche ‚Wörter‘ beibringt. Diese ‚Wörter‘ sind nur imaginäre Signale, keine symbolischen ‚Worte‘. Und so hat auch die KI nur Zugang zum eigentlichen Sprechen innerhalb der menschlichen Beziehungen nur mittels des Vorbewussten. Auch wenn sie geistreich daher quasseln kann, das ernsthaft Wahre, das symbolisch Bedeutsame, das mit dem Unbewussten, mit der Skala ‚unbewusst, vorbewusst, bewusst‘ zusammenhängt, kann sie nicht bieten. In rein technisch-mechanischen Bereichen, wo man Waren austauscht und Verkäufe regelt, Statistiken erstellt oder einen abgekupferten philosophischen Text herunterlabert, kann sie gut als Vorbewusstes funktionieren, aber mehr nicht.

Die KI ist eine Maschine, so wie auch die Tiere, wenn diese, auch speziell in Form von Haustieren, liebevolle Maschinen sind. Sie alle besitzen Vorbewusstes, ja, wie schon erwähnt, haben auch das Universum oder die Universen diese Sprachmauer, denn die Signifikanten, diese Bedeutungseinheiten, finden sich ja schon in der Natur, wo sie in vorgefasster Form, nämlich in den ‚maßgeblichen Bildern‘ der lebenden Körper, aber auch der ‚deutlich sich durch Sichtbarkeit aufdrängenden Objekte‘ (Sonne, Mond, Sterne) nachweisen lassen.[98] Die KI kann das Anfangssprachliche dieser vorbewussten Objekte nicht differenzieren. Die Sprache, die großartige

---

[98] Lacan, J., Seminar II, Walter (1980) S.388

Dichtung, ehrlichste Geständnisse, raffinierteste Lügen und Sinn-Wahres vermitteln kann, ist schon zigmal reichhaltiger – aber auch sie kann sich nur im Vorbewussten aufhalten, denn sie kann nur versuchen, den Leser als Subjekt einzufangen und verbleibt mit ihm in der ‚imaginären Verstrickung‘, die freilich äußerst unterhaltsam sein kann..

Die KI verbleibt in ihrem algorithmischen Verstrickungs-Modus, wie die Menschen auch in den ihren, während ich – angelehnt an Freud und Lacan – mit meinem Versuch der *Analytischen Psychokatharsis* ja gerade von da durch eine besondere Sprach-Praxis herausführen will. Das heißt nicht, dass ich volles Sprechen liefere wie Lacan es in seinen Seminaren getan hat. Bei mir kommt das volle Sprechen zustande, indem der Einzelne es über Vermittlung des *Anderen* in seinen *Pass-Worten* vollbringt. Durch die Kombination der *Formel-* mit den *Pass-Worten* lässt sich eine Wissenschaft v o m Subjekt selbst erstellen, die wegen ihrer Profilierung des Einzelnen nicht weiter übertroffen werden kann und so dem vollen Sprechen gerecht wird.

Lacan drückt es nochmals so aus: „Es geht darum, dass das Subjekt – bezogen auf etwas, das Markierung ist, das Zeichen ist – bereits liest, bevor es sich dabei um Schriftzeichen handelt, und dass es bemerkt, dass Zeichen gelegentlich unterschiedlich reduzierte, abgetrennte Stücke seiner Sprechmodulation tragen können und dass es, in

Umkehrung seiner Funktion, dann als solches als ihr *phonetischer Träger* dienen kann, wie man sagt".

Und weiter: „Wir müssen sehen, dass die Abfolge, die vom Unbewussten zum Vorbewussten führt und dann zum Bewusstsein gelangen soll, nicht ohne Revision akzeptiert werden kann, und insofern wir das Vorbewusste, wie definiert, als in der Zirkulation der Welt, in der realen Zirkulation befindlich akzeptieren müssen –, dass das, was auf der Ebene des Vorbewussten geschieht, etwas ist, das wir auf dieselbe Weise, in derselben Struktur zu lesen haben, also derjenigen, die ich versucht habe, für Sie an diesem Punkt der Verwurzelung spürbar zu machen, an dem etwas dazu kommt, der Sprache das hinzuzufügen, was man ihre letzte Sanktion nennen könnte: das Lesen des Zeichens".

Dieses Lesen des Zeichens leistet nur in sehr reduzierter Weise auch die KI, und dies leisten auch die Tiere und gewissermaßen auch das von mir erwähnte Sandkorn, von dem man beim Anstoßen kaum sagen kann, dass es ein anderes ‚liest', denn es ist kein Lesen, das die Sprachmauer durchdringt. Deswegen gilt der vorbewusste Diskurs als universell, er ist überall – ‚real in der Welt zirkulierend', wie gerade zitiert – vorhanden. Hier verschwimmen manchmal die Begriffe vorbewusst und bewusst im Sinne des Tononischen Bewusstseins. Bewusstsein haben heißt jedoch nicht immer alles ganz verstanden und begriffen haben. So wird von vielen Autoren auch von den

‚Zombies' gesprochen, die über ein Gehirn, einen Speicher für die genannten Zeichen, verfügen, und sie eben lesen und ausgeben können, ohne es in eine komplexe und höhergradige Verstandes-, Bewusstseins-, Begriffs- und Trieb-Tätigkeit mit einzubringen.

Speziell Chalmers nennt solche Wesen Zombies, die „alle feststellbaren neurologischen und verhaltensmäßigen Korrelate für Bewusstsein zeigen, aber keinerlei subjektives Erleben haben. Wissenschaftlich ließe sich der Unterschied zwischen Zombies und normalen Menschen niemals nachweisen", meint auch Kurzweil. Er meint dies jedoch nur, weil auch er kein Unbewusstes kennt und das Subjekt ihn nicht interessiert.[99] Freilich ist der Ausdruck Zombie nicht gut, denn auch die Tiere, die Vorbewusstes haben, aber diesbezüglich nicht nachdenken, sondern ihren Instinkten, also den Zeichen direkt folgen, sind keine Zombies, sondern eben Tiere. Man könnte vielleicht sagen, das auch die KI über so etwas verfügt wie Instinkte, nämlich abrufbare Verhaltensweisen, die bei der KI-Apps genannt werden, eintrainierte Applikationen, die das unbewusste Begehren (‚Sex') nicht wiedergeben können, schon gar nicht als Logik, und die einfach wie die Philosophen aus sich, aus ihrem Ich heraus eine Dialektik entwickeln, die sie dann höchstbietend veräußern.

---

[99] Kurzweil, R., Die nächste Stufe der Evolution, Piper (2025) S. 91

Das Vorbewusste des einzelnen Menschen ist jedoch spe-
zifischer gestaltet als das der Tiere und der KI, indem es
diese doppelte Sprach- und Bild-Erscheinungs-Struktur
hat, also diese Zwischenstellung zwischen Unbewusstem
und Bewusstem, und damit einer Wissenschaft v o m Subjekt eine Existenzmöglichkeit gibt, die in ausreichendem
Maße dem Zugang zu einem Wahrheits-Sinn entspricht.
Wie schon gezeigt, ist das Symbol beim Menschen hin-
terlegt vom Begehren, vom Trieb im psychoanalytischen
Sinn, und das verursacht, dass ChatGPT zwar ausgefeilte
Sätze von sich geben kann, denen aber das emotionale
‚Vibrieren‘, das verräterische Subjektive, die gelegentli-
chen Versprecher und Sprunghaftigkeiten und weiteres,
ähnlich Kreatives und Wahres auch menschlicher Holp-
rigkeit fehlt.

„Ebenso ist das Bewusstsein – im Vergleich zu dem,
wodurch das Vorbewusste konstituiert wird und wodurch
uns diese durch unsere Gedanken eng verwobene Welt
geschaffen wird –, ist das Bewusstsein die Oberfläche,
durch welche die Wahrnehmung dieser Sache, die im Herzen des Subjekts ist, gewissermaßen von außen ihre eigenen Gedanken, ihren eigenen Diskurs empfängt. Umgekehrt ist das, was wir im Unbewussten finden, diese bedeutsame Wiederholung, die uns von etwas, das man
wohlgeformte Gedanken nennt, zu einer Gedankenver-
kettung führt, die uns selbst entgeht“, so nochmals Lacan

zu dieser Thematik. Es handelt sich um eine stets wieder-
gesuchte Wahrnehmungsidentität.

Aber auch das Wiedergefundene von damals muss neu
benannt werden, sonst bliebe man auf der Stelle stehen,
doch es könnte präziser, besser, gelungener, reifer, gestaltet werden. Da die KI und die Futuristen kein Unbewusstes kennen, mit dem man den Zusammenhang und die
Wahrheit der Wahrnehmungs- und Denkidentität und
auch vor allem alles Zwischen-Menschliche klären kann,
müssen sie zu abenteuerlichen Gestaltungen greifen wie
zu den genannten Klassifizierungen oder zum Beispiel
zur Nanotechnologie. Die Nanolänge verhält sich wie der
Durchmesser einer Haselnuss zu dem der Erde, ist also
milliardenfach kleiner. Wie kann man so etwas, also beispielsweise im Bereich der Atome, handhaben? Eines der
ersten Beispiele gelang Ende des letzten Jahrhunderts in
Form der Fullerene (Abb. nebenan), deren Ecken aus
Atomen bestehen. Inzwischen gibt es
zahlreiche andere Gebilde, die man aus
einzelnen Atomen herstellen kann, und
das ist ein gefundenes Fressen für die
Futuristen.

Kurzweil beschreibt, wie man aus dieser Atom-zu-Atom
Platzierung so ungefähr alles herstellen kann, was es gibt,
denn letztlich besteht ja fast alles aus Atomen, aus solchen Nano-Platzierungen. Man muss dazu erst die geeig-
neten Werkzeuge zusammenbauen, mit denen man etwa

eine Zelle und schließlich sogar ein ganzes menschliches Organ, sagen wir mal eine Niere, produzieren kann. Der Mensch, dessen Organe auf diese Weise stets neu hergestellt werden können und der somit tausend Jahre alt würde, sei jetzt schon geboren, so schnell sei die diesbezügliche Entwicklung, behauptet Kurzweil. Was also vier Milliarden Jahre gebraucht hat, um eine menschliche Niere zu werden, könne man schon in vierzig, fünfzig Jahren im Nano-Technologie-Labor erzeugen.

Das ist der Moment, wovon ich weiter oben schon geschrieben habe, dass Kurzweil an Paranoia und Lustigkeit nicht zu überbieten ist. Die Niere besteht nicht aus einem Gewebe, sondern aus vielen, die man dann auch im Normal-Größen-Bereich zusätzlich noch zu Zellstrukturen, Molekülen und dem zentral steuernden System zusammensetzen muss. Von dieser hochgradigen Komplexität hat Kurzweil wohl keine Ahnung, obwohl er sonst sehr belesen ist und eine gute Phantasie hat. Durchaus wird sich noch in diesem Jahrhundert im Bereich des Zusammenspiels von KI und Nanotechnologie sehr viel ereignen, aber ebenso sehr schnell wird die Frage auftauchen, ob die Menschen das alles wollen und brauchen. Es wäre doch grauenhaft, irrsinnig lange zu leben, denn physischer Zustand, Lebensfreude, Genussfähigkeit, Seins-Wahrheit und vieles andere müsste ja in diese Unendlichkeit miteingehen, dafür braucht es allerdings etwas

Übergeordnetes, und das wird nicht der Transhumanismus sein, den die Futuristen anpreisen.

Diesen Begriff wählte schon ein paar Jahre vorher der Philosoph Y. N. Harari in seinem Buch ‚Homo Deus'. Er beschrieb darin exakt die gleichen Vorgänge, die durch KI und neue Technologien den Menschen zum übermenschlichen Wesen machen würde.[100] Die Journalistin S. Spiekermann schreibt dazu in der Süddeutschen Zeitung, dass das Buch Hararis nicht nur von Falschdarstellungen wimmelt, es würde auch ein rein reduktionistisches Menschenbild favorisiert.[101] Was Harari präsentieren würde, sei nichts anderes als „die platte transhumanistische Geschichte, an der nur die IT-Industrie reich würde. Indem man sich entscheidet nur eine Geschichte (von vielen anderen möglichen Geschichten) zu erzählen, entscheidet man sich auch, andere zum Schweigen zu bringen," erklärt die Autorin. Nun ereignet sich dies, nämlich die massive Bevorzugung der IT-Industrie mit Milliarden von Dollar und autoritativer Politik tatsächlich im Moment in Amerika!

Ich muss nochmals betonen, dass manches von dem was Kurzweil und Harari berichten, vielleicht kommen wird, aber hoffentlich nicht in der grotesken und skurrilen

---

[100] Harari, Y. N., Homo Deus, Eine Geschichte von Morgen, Beck Paperback (2023)
[101] Spiekermann, S., Fragwürdig frei, SZ.de vom 8. 11. 2022

Form, in der die Geschichten der beiden ausgehen. Wie schön nimmt sich doch dagegen die Geschichte von L. Randall und ihrem Parallel-Universum aus, wo man nur diese eine Komponente berücksichtigen muss, nämlich die 10^{-31} cm, um alles erklären zu können. Dagegen können sich selbst replizierende Nanobots zu unbeherrschbaren Kettenreaktionen führen, die man ja wegen ihrer wahnsinnigen Winzigkeit nicht bemerken kann. Erst im fertigen Zustand einer solchen katastrophischen Nanoprozedur würde man diese in Form einer ‚grauen Schmiere' entdecken und im Worst-Case-Szenario würde eine derartige Kettenreaktion ‚den größten Teil der Biomasse der Erde verbrauchen'. Wie bei der Atombombe, kann man ja die nanotechnischen Atomketten nicht nur nicht sehen, sondern auch mit normalen Werkzeugen nicht bremsen. Es ist also wohl besser, sich auf sich selbst als *Anderer* zu verlassen.

9. Top-Intellektuelle und Traumanalyse

Warum also sollten die Menschen sich solche ausufernde und ungesicherte KI-Programme und derartig verrückte Nanotechnologien, selbst wenn sie noch großartig verbessert werden, überhaupt antun? Wie ich bereits im 1.Kapitel schrieb, grassiert weltweit eine totale Verkennung der eigentlichen Probleme. Man braucht keine künstliche Intelligenz, sondern muss nur die normale, menschliche, noch weitgehend unbewusste, weil durch Verdrängung und Spaltung unsichtbar gemachte Intelligenz, voll zur Geltung bringen. Denn sie ist eine der Wahrheit und nicht nur dem Wissen unterstellte Intelligenz, die also vom eigenen Innenleben ursprüngliche Kenntnis hat, und die man zudem die vom Genießen wissende Weisheit nennen müsste.[102] Und so muss ich jetzt an die im 2. und letzten Kapitel beschriebenen Futuristen ein Kapitel über die Tech-Visionäre und -Milliardäre anhängen, obwohl ich über diese Leute, die glauben, alle Visionen bereits technisch verwirklicht zu haben und nur Geld machen wollen, schon einiges erzählt habe.

Ein Laptop ist keine schlechte Erfindung, mehr braucht es vorerst nicht. Solln doch die Tech-Visionäre, wie sie sich ja oft selber nennen, bei sich selbst anfangen und

---

[102] Lacan meinte, dass die Weisheit (sagesse) im Wissen vom Genießen (savoir de la jouissance) besteht.

sich die nanokleinen Elektroden ins Gehirn injizieren, um dann mit der Cloud als Supergehirn durch die Welt gehen zu können. Ein paar Menschen werden dann schon mal den Server der Cloud nach Belieben ab- und wieder anschalten. Sollte sich irgendein Abfallprodukt ihrer Intelligenz sich für die Verbesserung der niedrigen Aspekte des Lebens eigen, kann man ja mal eine Kleinigkeit davon übernehmen. Ich sehe keine große Zukunft für diese IT-Funktionäre, auch wenn sie die Welt mit ihren kalten Maschinen überfluten sollten.

Schon vor längerer Zeit berichtete ich einmal über das, was auf der TED-Konferenz (Technology, Entertainment, Design) 2013 als Sensation vorgetragen wurde. Man konnte erleben wie die Neurowissenschaftlerin M. L. Jepsen eine unter einem Kernspinscan befindliche Person präsentierte, die sich ein reales Bild einprägte. Der Scan verarbeitete die in den Hirnrealen auftretenden Aktivitäten. Sodann sollte diese Person sich das Bild nur gedanklich wieder vorstellen: der Scan warf das Bild – zwar nur sehr annähernd – doch sehr schnell wieder aus. Großer Jubel-Trubel, jeder kann jetzt am Bildschirm sehen, was der andere – bildhaft – denkt!

Doch was für ein Unsinn! Man sah eine ziemlich schlechte Bild-zu-Bild Entsprechung, über die kommuniziert werden konnte. M. L. Jepsen sagt, dass sie die Sprache umgehen will, um das, was im Kopf der Menschen vorgeht, direkt zu zeigen. Aber wie kann man die

Sprache umgehen? Warum hat Jepsen nicht allen Probanden bei ihrem Vortrag von vornherein einen Hirn Scan
aufgesetzt und einfach gar nichts mehr gesagt? Sie hätten
mittels vorgestellter Bilder doch in Blitzeseile kommunizieren können? Aber das hätte nicht funktioniert, weil
man dazu eben doch auch die Sprache gebraucht hätte,
mit der man sagen konnte, was das ganze überhaupt soll
und wie es zu verstehen ist.

Und so fallen die neueren TED-Konferenzen noch dramatischer und kurioser aus. Unter dem Titel ‚Starke
Ideen sind die Superkraft der Menschheit‘ wird in der SZ
vom 5. 3. 2025 berichtet, dass „die TED-Vorträge Millionen Menschen inspirieren, Medienkarrieren und Best-
seller hervorzubringen".[103] Es sei ein Gipfeltreffen der
Besten und Klügsten aus dem Silicon Valley und Holly-
wood, und wie die Rockkonzerte in Woodstock seien die
Auftritte der dort vortragenden Wissenschaftler „histo-
risch". Und weiter: „Leute wie die Psychoanalytikerin
Esther Perel, der Historiker Y. N. Harari oder der Evolu-
tionsforscher Steven Pinker katapultierten ihre Bücher
mit TED-Talks aus den Wissenschaftsnischen in die weltweiten Bestsellerlisten". Na bravo, das klingt sehr nach
großartigen Leistungen und Hilfen für die gesamte
Menschheit.

---

[103] Kreye, A., Starke Ideen sind die Superkraft der Menschheit, SZ
vom 5. 3. 2025, S. 19

Über Harari habe ich noch gerade vorher (im letzten Kapitel) ein bisschen Kritisches zitiert, bei Pinker fällt die Stellungnahme jedoch noch differenzierter aus. Werke wie die von R. D. Precht oder S. Pinker über Geist, Sprache, Neuropsychologie etc. sind laut der Wissenschaftsredakteurin J. Rubner „Volksverblödung auf höherer Stufe", wie sie in einem Artikel der Süddeutschen Zeitung diese Pop-Intellektuellen beschreibt.[104] Diese Autoren würden mit einem ausgefeilten Begriffsinstrumentarium aus den genannten Wissenschaften phantasievolle, aber unhaltbare Thesen aufstellen, medienwirksam unter die Leute bringen, und unser Verständnis vom Fühlen und Denken, Wissenschaft und Glauben nur noch mehr verwirren. Der Psyche-Geist-Intelligenz-Begriff bei Pinker und anderen Kognitionswissenschaftlern ist – um es nochmals zu zeigen – sehr simpel gefasst.[105, 106, 107, 108]

---

[104] Rubner, J., SZ vom 5/6. 12. 1998 S. III

[105] Münch, D., in Gold, P., Engel, A. K., Der Mensch in der Perspektive der Kognitionswissenschaften, Suhrkamp (1998) S. 17-48, worin der Autor die Kognition, also das intelligente Erkennen und Verarbeiten auf lediglich zwei Grundintentionen, nämlich „Wünschen" und „Meinen" zurückführt.

[106] Calvin, H., Wie das Gehirn denkt, Spektrum (1998), wo der Autor das Gehirn als Darwin-Maschine bezeichnet.

[107] Pinker, S., Der Sprachinstinkt, Kindler (1996), wo die Sprache nur ein fertiges Programm ist.

[108] Pinker, S., Wie das Denken im Kopf entsteht, Kindler (1998) S. 38-40, wo die „Computertheorie des Geistes" postuliert wird, d. h. Kreativität nicht mehr nötig ist.

Für Pinker sind Überzeugungen und Wünsche Informationen, die die Gestalt von Symbolen haben, und die sind wiederum physikalische Zustände. „Symbole, die einer Überzeugung entsprechen, können neue Symbole entstehen lassen, die einer anderen, *logisch* mit der ersten verknüpften Überzeugung entsprechen." Dem Entsprechen also entsprechen, logisch? Die Sache ist überhaupt nicht logisch. Wir benötigen hier einen besseren Intelligenz-Begriff, denn das Wort *logisch* bedeutet bei Pinker nur so viel wie Repräsentationen oder Inschriften, die in der sogenannten „Denksprache", dem ‚Mentalesischen', verfasst sind, die also nichts anderes als eine Kürzelsprache, eine Programmiersprache ist, an der die menschliche Seele, das Subjekt, nicht mehr beteiligt ist.

Was demnach fehlt, ist das Wort *logisch* in seiner eigentlichen, seit Aristoteles viel umfassenderen Bedeutung,[109] nämlich so wie sie eben auch von Lacan mit dem Begriff der Signifikanten und mit dem Zutreffenden der Schrift, erneuert worden ist.[110] Aristoteles drückt sich zwar nicht so deftig aus wie Freud und Lacan, bei denen ja der ‚Sex' den irrealen Impuls zur Logik darstellt, aber klar ist, das der ‚Sex' sich laut Lacan ja nicht schreiben lässt, während die Logik eben nur als Geschriebenes gilt. Doch

---

[109] Aristoteles, Rhetorica, 1404 b 2f, herausgegeben von I. Bekker, Darmstadt (1960), wo dem λογος, dem Sprechen, das δηλουν, das Offenbarmachen zugewiesen wird.
[110] Lacan, J., Séminaire XVIII, Vortrag vom 17. 2. 1971

Pinker spricht von der Computertheorie des Geistes, was nicht heißen soll, „das Gehirn gleiche einem Computer . . sondern . . Gehirn und Computer haben intelligente Eigenschaften, und das teilweise aus gleichen Gründen".[111] Wir denken in Bit und Bytes, also in der ‚mentalesisch' genannten Art von Programmiersprache, *Zeichen*-Sprache, die so ähnlich funktioniert wie Algorithmen, also angeblich logisch perfekt.

Dabei sind Pinkers Grundthesen keineswegs falsch. Auf einer rein kombinatorischen Verarbeitungsebene arbeitet der Gehirn-Geist tatsächlich so, wie Pinker angibt. Aber seine weitreichenden Schlussfolgerungen auf das Denken als solches und auf menschliche Beziehungen, etc., sind gefährlich. „Gefühle sind ausgeklügelte Softwaremodule" – sagt er, und warum soll das nicht oft so sein, dass wir häufig einfach wie eine blöde Maschine funktionieren und fühlen – aber könnten sie nicht auch Folge eines unbewussten Begehrens sein, eines verdrehten Todesgedankens, einer verdrängten Liebe, oder gar nur einer Kombinatorik von Signifikanten, also dieser unbestimmten Bedeutungseinheiten, die die wirklichen Bedeutungen ausmachen, auch wenn sie erst im Zusammenhang mit dem Realen und Imaginären zum Sinn führen? Ist es nicht einfacher zu sagen, ‚Gefühle sind immer reziprok, wie Lacan erklärte.

---

[111] Pinker, S., Wie das Denken im Kopf entsteht, (1998) S. 38-40

Kann es nicht bei Herrn Pinker so sein, während es bei
anderen Leuten eben anders ist? „Alle diese mentalen
Systeme, die sich auf eine Natur oder auf ein als abge-
schlossen unterstelltes, komplexes *Zeichen*-Schema
gründen, enthalten eine Art von Debilität, von Schwach-
sinn".[112] Diese neuen Wissenschaftler könnte man Top-
Pop-Wissenschaftler nennen, denn sie sind wirklich top-
informiert, aber wie Popmusik bringen sie ihre Sachen in
flapsiger Gescheitheit und ohne tiefere Authentizität daher. Deswegen hat Lacan also versucht, kein System zu
erstellen, alles offen zu lassen und seine Zuhörer mit seiner Liberalität und Amourosität fast etwas zu provozieren. Aber damit hat er sie ernsthaft ins Spiel gebracht,
während die Top-Intellektuellen den Menschen nur das
ihre von außen her aufstülpen.

Zurück ins Jahr 2025 und dem Chef der TED-Konferenz
Ched Chris Anderson, der sagte: „Das Problem ist, dass
wir einen ausgeprägten Instinkt für Dinge haben, die uns
Angst machen. . . . Da sprechen wir das andere Gefühl
an, für das Leuchtende, Glänzende, das Positive. All die
großen Köpfe . . möchten ihre Erkenntnisse ja gerne wei-
terverbreiten". Anderson idealisierte auch den Multi-Mil-
liardär E. Musk, wenn er ihn auch zum Schluss als in die
falsche Richtung gehend kritisierte. Doch die „TED ist
da, um von etwas Gemeinsamen zu träumen und eine

---

[112] Lacan, J., R.S.I, Seminar Nr. XXII, Lacan-Archiv (1998) S. 7

bessere Welt zu schaffen." Sie tut dies jetzt mit dem Audacious Projekt, mittels dem die TED in kürzester Zeit eine Milliarde Dollar eingesammelt hat.[113]

Anderson schwärmt in unglaublicher Weise von all den Tech-Leuten, die wie Chalmers und Kurzweil eine grandiose Zukunft versprechen. Vor allen Kindern sollte schneller Wissen vermittelt werden. Es ist eben so, dass „Starke Ideen die Superkraft der Menschheit sind, die unsere Geschichte mehr geprägt hat, als alles andere", wie er sagt, ohne zu vermitteln, was auch gute, humane, psychoanalytische, das Selbst, das Soziale und das Unbewusste einschließende und anregende Ideen wären.[114] Die sind vielleicht nicht so super, so supertoll und umwerfend, aber vielleicht doch wichtiger und hilfreicher auch für die Andersdenkenden der nicht so Technologie fanatischen Kalkulierer, aber auch der nicht so erotisch Progressiven, wie es die Psychotherapeutin Esther Perel ist.

Auch sie trägt auf der TED das vor, was sie in ihren Büchern schreibt, zum Beispiel im ‚Wild Life'.[115] Im Gegensatz zu dem, was man häufiger hört, nämlich wie man auch Liebe in die Erotik bringt, verhält es sich bei ihr

---

[113] Es handelt sich um eine Initiative für die Umsetzung von völlig unbewiesenen Technologien.
[114] Kreye, A., Starke Ideen . . SZ vom 5.3.2025, S. 19
[115] Perel, E., Wild Life, die Rückkehr der Erotik in die Liebe.

umgekehrt. Sie erklärt, wie man Sex in die Liebe bringt, also Sex ohne Anführungszeichen. Die Liebe soll mit heftigem Sex aufgemischt werden, ein paar Sado-Maso-Spiele gehören da schon dazu. Aber warum soll man – wie in diesen Spielen – die Angst des Anderen lieben, den Schrecken des Anderen zum Kult machen? Sollte man nicht vielleicht zuerst sich selbst lieben lernen. Damit ist kein Narzissmus gemeint, sondern eine Liebe zum eigenen Unbewussten, zum Selbstanalytischen, zu sich im Schatten seiner selbst als *Anderem*. Das ist freilich nichts für eine TED-Veranstaltung, bei der eben ein bisschen Perversion der Liebe nicht schadet.

Schließlich ist der/das *Andere* der innigste, unmittelbarste und auch gefährlichste Freund (ich erinnere spaßeshalber an die 10^{-31} cm Entfernung in einem selbst), den es geben kann. Manchmal fallen seine Antworten auch negativ aus, doch kann das nur gut sein. Man will ja nicht nur umschmeichelt werden, doch gegenüber der KI besteht der Vorteil, dass einen die Gespräche nicht in die Irre führen können, schließlich ist das Unbewusste das Authentischste von einem selbst. Man wird also stets auf den elementarsten Grund des eigenen Seins verwiesen und nicht auf das, was die tollsten und größten Erfinder aus dem Silicon Valley sich ausgedacht haben. Diese Megalomanie, dieser Größen- und Cäsarenwahn autokratischer Politiker und deren Top-Intellektuelle und Techvisionäre, sind – vor allem in ihrer Kombination – die schlimmste Gefahr des einundzwanzigsten Jahrhunderts.

Man muss diesen Leuten gegenüber etwas Eigenes, Humanes, subjektbezogen Wissenschaftliches und Praktisches gegenüberstellen. Hauptsache man bleibt auf der Stufe der großartigen Weltaufgeschlossenheit wie sie schon bei den alten Griechen üblich war, nämlich der ἀταραξία, Ataraxie (Glückseligkeit), der ἰσοσθένεια, der Isosthenie, der Gleichwertigkeit, der Gleichschätzung aller Dinge und des επέχειν, Epechein, des Abstandhaltens und sich in Gewalthabens, und vieler anderer glorreicher Dinge. Aber vor allem sollte man auch bei der eigenen Wahrheitsfindung, dem Wissen ums wahre Genießen, das man nur aus sich selbst, wie gesagt: intrinsisch, herausholen kann, bleiben. Vereinfacht kann man all diese Aspekte mit den zwei Übungen der *Analytischen Psychokatharsis* in sich verwirklichen.

Den *Formel-Worten*, die in der ersten Übung zum Zug kommen und von denen ich Beispiele gegeben habe, korrelieren also die sogenannten *Pass-Worte*, Identitäts-Worte. Während die *Formel-Worte* nach einiger Zeit des Übens eine Katharsis, das beglückend Befreiende der meditativen Anwendung auslösen und damit das Unbewusste anregen, stellen die *Pass-Worte* das Angeregte, das im Unbewussten Geweckte, in Form einer knappen Aussage dar, die der Deutung in der Psychoanalyse entspricht. Ich gebe sofort ein weiters Beispiel, will aber schon gleich darauf hinweisen, dass so etwas keine KI und auch keine Nanotechnik, ja überhaupt niemand und nichts sonst diese Worte aus dem Unbewussten, wo sie also innerlich gehört werden können, zu ersetzen vermag. Sie sind etwas sehr Unter- und Entscheidendes, das den Wert all des nur Gemachten, Erdachten, technisch Produzierten erheblich einschränkt – um nicht zu sagen – zur totalen Banalität erklärt.

Das weitere von mir vor einiger Zeit gehörte *Pass-Wort* lautete: ‚Darauf zugeschnürt'. Darauf ‚zugeschnitten', dachte ich mir sofort, denn so etwas wird oft gesagt und passt zu vielen Situationen, aber ‚darauf zugeschnürt' klingt seltsam und muss etwas anderes bedeuten. Dabei ist es nicht unplausibel, hat vielleicht auch etwas vom ‚zugeschnitten' an sich gehabt, denn ich beschäftigte mich zu diesem Zeitpunkt bereits mit diesem Buch, in dessen Text viel vom ‚Zugeschnitten' und ‚Zuschnüren' durch die KI und deren Funktionären aber auch vom Lacanschen Knoten und seinen Schnüren die Rede ist. Es schnürt mir tatsächlich alles zu, auch das elementarste Begehren, wenn ich all das lese, was im Moment aktuell ist, aber ich muss es wohl ‚darauf zuschnüren', darauf hinarbeiten, was zum Beispiel in einem Artikel über die Techmilliardäre steht, bezüglich derer der Redakteur T. Blome schreibt, was der Medientheoretiker D. Rushkoff eruierte.[116]

---

[116] Blome, T., Im Bunker mit den Superreichen, DIE ZEIT Nr. 12 (2025) S. 63

Blome schrieb, dass „die Bewohner des Silicon Valley sich als prometheische Übermenschen verstünden, die dank ihrer überlegenen Fähigkeiten und Reichtümer getrennt von der Gesellschaft und womöglich der Welt selbst existieren. . . Sie warten ständig mit dysfunktionalen, gar schädlichen Technologien auf, die Mensch, Natur und Gesellschaft weiter kaputt machen." Der Autor zitiert Rushkoff selbst mit dessen Satz: „Der Bunker des Milliardärs ist weniger Ausdruck einer Strategie für die Apokalypse, als eine Metapher für diese realitätsferne Einstellung zum Leben."[117]

Dieser Hinweis auf den Bunker erläutert eine andere Stellungnahme Rushkoffs. In einem Interview fragten ihn mehrere Techmilliardäre, wo sie ihre Stahlbeton Bunker bauen sollten, in Alaska oder Neuseeland, falls durch diese ganze hochgepushte KI, Genomik und Nanotechnik die Welt in den Abgrund geht.[118] Denn – so Rushkoff – „diese Leute übertragen den christlichen Fundamentalismus und die Idee der Auferstehung auf die neunen Technologien." Nur transhumane Teilroboter werden über-leben, und dazu wollen sie gehören, alle anderen sind ihnen egal. Und so nennen sie ihre Methode „effektiver Altruismus", weil der übliche, an alle Menschen gleicher-maßen gerichtete Altruismus, in ihren Augen Unsinn ist,

---

[117] Rushkoff, D., Survival oft the Richest, Suhrkamp (2025)
[118] Pinzler, P., Schmitt, S., Gebt der Panik nicht nach, DIE ZEIT Nr. 13, S. 7

denn es geht nur um sie selbst und ihr Sendungs-Be-wusstsein.

Der Wissenschaftsredakteur S. Fischer schreibt, dass der Hauptakteur für den christlichen Fundamentalismus in dem Milliardär und Rechtsradikalen P. Thiel zu sehen sei, der still im Hintergrund der Autarkiebestrebungen Amerikas agiert.[119] Thiel, der sich durch keinerlei Frömmigkeit auszeichnet, ist gegen die angeblichen Antichristen, die aus der „kompromisslerischen Bündnis-Allianz aus Vereinten Nationen, Nato, EU, etc., besteht, das heißt Arrangeuren – so sieht er das – einer diktatorischen Weltunterdrückung". Thiel ist homosexuell, was ja heute kein Problem mehr ist oder sein sollte. Doch der Podcast weckt den Verdacht, dass er sich irgendwie schuldig fühlt und dies durch extremen Glaubens-Aktivismus niederhalten muss. Dazu dienen ihm eben die neuen Technokratien und die Moneten.

In einem der letzten sonntäglichen Philosophie Seminare in 3SAT sprach der Philosoph W. Eilenberger mit Rushkoff, der ihm erklärte, wie die Techmilizionäre (denn sie sind nicht nur Tech-Milliardäre, sondern auch Milizionäre) ticken. Sie bauen auf dem auf, was die KI an Wahrscheinlichkeits-Statistiken und dem Prinzip der

---

[119] Fischer, S., Die dunkle Aufklärung. Ein Podcast identifiziert einen stillen Tech-Milliardär als Hauptfeind er Demokratie: "Die Peter Thiel Story". SZ vom 31. 5. 2025, S. 40

Ähnlichkeit (Klassifizierungen) zusammenbastelt. Von den Myriaden von Worten, Phrasen, Sätzen, die sie gespeichert hat, gehen – ja nach Anfrage – nur die in Antworten ein, die enorm umfassend und gleichzeitig statistisch abgesichert sind, so dass sie der Anfrage in etwa entsprechen, was noch gestützt wird durch gleichlautende, sinnverwandte und andere Ähnlichkeiten in Bedeutung, Ausdruck und anderem, also möglichst banal, aber perfekt angepasst.

Daher, so Rushkoff, arbeitet die KI wie ein ‚stochastischer Papagei‘, der die Sprache nur nachahmen kann ohne echtes Verständnis oder kritisches Bewusstsein und ohne eine der Liebe, dem Mitgefühl und dem Anspruch auf Weisheit unterstellte Intelligenz. Da die KI auf Anfragen stets reagieren muss, erzeugt sie in sich selbst verstärkende Durchschnittswerte, die schon gering autistisch veranlagte Menschen zur vollen Überzeugung der immer unsinniger werdenden Aussagen treiben. Aber wie an der Myanmar-Geschichte von Facebook gezeigt, können auch die normalsten Menschen durch diese starren, auf reinen einzelnen Symbolen beruhenden Programme, zu völlig verflachenden, eingeengten und verfälschten Ideologien führen, so Rushkoff. So kann die Welt mit gar nicht einmal so absichtlich gewollten, sondern mit zum Automatismus gewordenen Falschaussagen in den Untergang getrieben werden. Es ist ja schon heute so, dass beispielsweise die in Russland perfekt isoliert erstellten und auf allen Kanälen ausgesendeten falschen Nachrichten, die Menschen glauben machen, es gäbe gar keinen Krieg in der Ukraine, obwohl schon über 160 000 russische Soldaten dort gefallen sind.[120]

Man muss also gar nicht mehr einen Autokraten zum Regierungschef haben, die wie autokratisch funktionierende KI kann das alleine besorgen, während die Geld- und Techmillizionäre bereits im Bunker sind oder sich nanotechnisch völlig von der Erde abgehoben haben. Zugedämmert sind also alle, die Täter wie die Opfer. Und so hatte ich – nachdem ich meine Einschätzung dieser seltsamen Zukunftsvisionäre niedergeschrieben habe – einen dazu passenden Traum: Ich war bei meinem Lehranalytiker zu spät in die Ausbildungsgruppe gekommen. Er warf mich hinaus, weil ich ihn, den Lehrer der Gruppe wie Ödipus seinen Vater, niedermachen wolle, und so fiel ich – plötzlich irgendwie zu einem Smartphone geworden – im Dunkel der Nacht von irgendwo weit oben nach unten. Ich dachte noch, hoffentlich falle ich nicht auf felsigen Untergrund, denn da würde ich zerspringen, aber nein, die Wahrscheinlichkeit im Pazifischen Ocean zu landen schien mir wahrscheinlicher. Aber wer findet mich da als zwar orangefarbig erleuchtetes Smartphone auf den Wellen schwimmend? Niemand?

---

[120] Wikipedia: Opfer des russisch-ukrainischen Krieges

Ich wachte auf; klar, dieser Traum sollte wohl heißen, dass man sich nicht mit der digitalen Technologie identifizieren sollte. Wie kann man nur träumen, dass man ein Smartphone ist, und so in die Ausbildungsgruppe kommen wollte, zu spät oder unpassend? Ich habe berichtet, dass das Unbewusste nicht einfach nur da ist, sondern dass *Es* ‚drängt‘, ja dass *Es* nur aus diesem Drängen besteht, sich erkennen zu geben, und dies tut es eben in Form der *Pass-Worte* deutlicher als durch eine Traumdeutung.[121] Es ist wichtig, zu verstehen, das der durch die *Formel-Worte* erreichte und in der zweiten Übung gehaltene Zustand die absolute Sicherheit gibt, diese *Pass-Worte* problemlos aufzunehmen und sie zu deuten. Nur das ist eine Wissenschaft v o m Subjekt, die glücklich macht.

Beispiele für die *Pass-Worte* anderer Probanden habe ich in mehreren Büchern beschrieben, und so will ich hier nochmals eines vermitteln, das ich selbst beim Nach-Innen-Hören vor einiger Zeit wahrgenommen habe: „Das Schlieland ist oben". Schlieland? Mir fiel sofort Schliemann ein, der Archäologe, der Troja ausgegraben hat. Aber Schlieland? Das gibt es nicht. Und doch, mir fiel jedenfalls nichts anderes dazu ein, und so war ich gezwungen, wie in der klassischen Psychoanalyse etwas dazu frei zu assoziieren. Ich ging dem Unbewussten

---

121 Lacan, J., Seminar IX, Die Identifizierung, 7. Vortrag.

nach, so wie Schliemann den Trojanern, und demnach muss ich das hier schreiben, muss das Verfahren der *Analytischen Psychokatharsis* möglichst weithin veröffentlichen, so deutete ich vorerst das *Pass-Wort*.

Ein klassischer Psychoanalytiker würde mir das vielleicht nicht abnehmen, denn er ist gewohnt, nur das gelten zu lassen, was durch die Enthüllung des Freud'schen Triebs als Aussage zustande kommt. Aber solch einen entsprechenden Einfall hatte ich nicht, höchstens vielleicht ‚Schliefland‘, ‚Schlafland‘, das Ehebett, in dem die sexuelle Nicht-Beziehung stattfindet, wie sie von Lacan tituliert wird und das so nunmehr das ‚Schiefland‘ ist. Na ja, es kann beides zutreffen, das ‚Schliefland‘ und auch der ‚Schliemann‘. Das vom Ehebett weiß ich auch so, dass man da nicht das Tollste zusammenbringt, wie man sich immer vorgestellt hatte. Und der Schliemann passt freilich zur *Analytischen Psychokatharsis*, der aus uralter Meditation und modernen Psychoanalyse zusammengestückelten ‚trojanischen‘ Wissenschaft v o m Subjekt.

Diese *Pass-Worte* kommen genau an der Stelle zwischen dem Unbewussten und Vorbewussten zustande. „Sollte uns das nicht dazu bringen, dass wir uns fragen, was es damit auf sich hat an diesem radikalen archaischen Punkt, den wir mit aller Notwendigkeit am Ursprung des Unbewussten annehmen müssen, das heißt dessen, wodurch das Subjekt, wenn es spricht, sich in der Kette, im Ablauf der Aussagen (*énoncés*) immer nur weiter vorwärts bewegen kann, wodurch es jedoch, indem es sich auf das Ausgesagte (*les énoncés*) richtet, eben dadurch in der Äußerung (*énonciation*) etwas elidiert, das im strengen Sinne das ist, was es nicht wissen kann, nämlich den Namen dessen, was es als Subjekt der Äußerung [im Unbewussten] ist".

„Im Akt der Äußerung gibt es diese latente Benennung, die sich, als Signifikant, als der erste Kern dessen auffassen lässt, was sich dann, wie ich es Ihnen seit jeher dargestellt habe, als sich drehende Kette [Knoten] organisieren wird, dieses Zentrums, dieses sprechende Herz des Subjekts, das wir das Unbewusste nennen". Um es bewusst zu machen braucht es die Deutungen des Analytikers oder die *Pass-Worte* der *Analytischen Psychokatharsis*. Letztere haben den Vorteil, dass sie nicht nur das Kausale, das Ursächliche (woher kommt dieser oder jener Traum, woher der Versprecher, woher die psychische Fehlleistung), sondern auch das Finale, das Werden, das Kreative enthüllen. Zum Beispiel eben, dass das ‚Schlieland oben ist‘, dass ich da noch hinauf soll.

Das *Pass-Wort* zu interpretieren ist meist einfacher, als einen Traum zu deuten, in dem so viel Irrationales passiert. Nur selten bedeutet ein Kirchturm einen Phallus, eher bedeutet ein Theaterstück eine Hochzeit, weil dort das aufgeführt wird, was zwischen Sexuellem und Höchstgeistlichem passiert, ein Mix, den man nicht so leicht verstehen kann. Aber zu einem *Pass-Wort* fällt einem leicht etwas Passendes ein, wenn nicht ohnehin sofort verständlich ist, was gemeint ist. Man muss nur ehrlich zu sich selbst darangehen und stets bedenken, dass eine verdrängte oder abgespaltete Wahrheit darin stecken kann, aber auch mutig genug sein, um eine kreative Lösung zu akzeptieren.

Anhang zum Verständnis der *Analytischen Psychokatharsis*

Die also von mir empfohlene ‚Selbstpraxis‘, Selbsttherapie der *Analytischen Psychokatharsis* ist durch eine Verbindung von Psychoanalyse als analytischem und Meditation als kathartischem Teil zustande gekommen. In der Psychoanalyse sind die Grundkräfte (Triebe) psychisch nicht direkt (als ‚Primärvorgang‘) repräsentiert, sondern nur durch sogenannte, innerliche ‚Vorstellungsrepräsentanzen‘ zu erfassen, unbewusste Zustände, die Lacan – Freuds Auffassungen verbessernd – als Repräsentanzen des *Schautriebs*- (Erscheinungs-Wirkendes) und *Sprechtriebs* (Wort-Wirkendes) bezeichnet hat. Ich habe die beiden der Kürze halber auch ein *Es Strahlt* und *Es Spricht* genannt. Nun gehen diese an ihre spiegelnden, strahlenden und widerhallenden, verlautenden Vorstellungsrepräsentanzen gebundenen Formen des Begehrens verschiedene Kombinationen miteinander ein oder bilden Teiltriebe, deren Auswirkungen vom Psychoanalytiker anhand der ‚freien Assoziationen‘, die die Patienten von sich geben, interpretiert werden können.

In der Meditation geht man jedoch umgekehrt vom ‚Primärvorgang‘ dieser Grundkräfte bzw. deren Repräsentanzen direkt aus, wo nicht von vornherein eine Fixierung auf das Erscheinungs- und Wort-Wirkende gegeben ist, sondern darauf gewartet wird, bis sich die Phänomene dieser beiden Formen des Begehrens unmittelbar und von selbst zeigen. Erscheinungs- und Wort-Wirkendes melden sich sozusagen autonom. In einem völlig abgedunkelten Raum wird man (evtl. mit zusätzlich geschlossenen Augen) sehr bald ein Schimmern, Helligkeitserscheinungen (Lichtpunkte) oder ein wie leicht ‚durchrieseltes' Körperbild wahrnehmen, das von dem visuellen Schnittpunkt, Spiegelungspunkt, ‚Strahlt-Punkt' all der

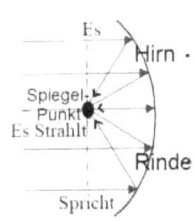

sich in der Konkavität des Gehirns treffenden Sinnesbahnen ausgeht. Die Abbildung links nebenan zeigt die der Schädelbasis aufsitzende Halbkugel als rückreflektierende Nervenzellschicht, die vom Körper oder auch von Erinnerungen herkommenden unbewussten Sinnes- oder Nervenströme im Spiegelpunkt bündelt. Lacan sprach hinsichtlich dieses ‚Primärvorgangs' des Schautriebs von einem ‚ultrasubjektiven Ausstrahlen', das einen fast halluzinatorischen Charakter hat, aber auch wichtige Funktionen erfüllt.

Dieses ‚*Es Strahlt*' des Schautriebs, bzw. Erscheinungs-Wirkenden, steht nämlich dem gleichwertigen ‚Primärvorgang' des Sprechtriebs, Wort-Wirkenden, dem ‚*Es Spricht*' konflikthaft gegenüber. Genauso wie im völlig dunklen Raum etwas Luzides, eine Helligkeit erscheint, so kann man in einem völlig schallgeschützten und auch schallschluckenden Raum schon nach kurzer Zeit einen Laut oder Ton oder Ähnliches vernehmen, wie es der Wissenschaftsredakteur S. Schramm von Experimenten eines Akustik-Technikers als ‚Klang des Nichts'

schilderte.[122] Die im Körper wie Echos zurückgebliebe-
nen Sprech-, und Entäußerungsvorgänge werden also
laut, es verlautet etwas. Manche Psychoanalytiker benen-
nen es auch als psychisches (innerlich gespeichertes)
Klang-Objekt.[123] Andere wie die Psychoanalytikerin D.
Birksted-Breen sprechen von derartigen seelischen Echo-
vorgängen, indem zwischen dem Reverie-Geplapper der
Mutter und den ‚widerhallenden' Antworten des Kindes
eine erste gemeinsame Identität, eine erotische Ver-
schworenheit als ‚Widerhalleffekt' entsteht. Auf diese
Weise sind das ‚*Es Strahlt*' und das ‚*Es Spricht*' – so son-
derlich sich das vorerst anhören mag – zwei wichtige
Funktionen, die sich überschneiden und so konflikthaft
sein können, so dass es bei ihnen entscheidend darauf ankommt, wie sie gelungen kombiniert (Freud sprach von
legiert) sind.

Erste Übung. Das Verfahren der *Analytischen Psychokatharsis* ist, wie betont, von seiner praktischen Seite her
sehr einfach. Man sitzt in bequemer Haltung (anfänglich
mit geschlossenen Augen) und wiederholt in der ersten
Übung rein gedanklich, langsam hintereinander vier bis
fünf *Formel-Worte*, langsam und monoton hintereinander, während man gleichzeitig darauf achtet, ob im Inneren vor einem etwas auftaucht, das den Charakter eines
‚Strahlt-Punktes', eines Es *Strahlt* (des Erscheinungs-

---

[122] Schramm, S., Der Klang des Nichts, SZ vom 7. 11. 2016, S. R7
[123] Maiello, S., Das Klang-Objekt, PSYCHE Nr. 2 (1999) S. 137-157

Wirkenden) hat.[124] Es kann sich auch nur um eine Körperbildwahrnehmung, ein Schimmern, eine ‚Luzidität‘ oder dunklen Fleck handeln, denn es kommt ja nur darauf an, dass man irgendeine Orientierung im Raum hat. Lacan spricht diesbezüglich auch von einer ursprünglichsten ‚Lumineszenz‘. Dabei bezieht er sich ganz klar auf etwas Gegebenes, etwas, was dem sogenannten Primärprozess des Schautriebs, des Erscheinungs-Wirkenden zugehörig ist.

Es genügt aber auch, dass man sich der Entspannung und der befreienden Wirkung der sich erhebenden Katharsis (das frei und durchrieselt Sein) bewusst ist (meist erst nach einer Zeit des Übens), auch das ist eine Orientierung. In einer zweiten Übung, die ich sogleich beschreibe, ergibt sich durch Konzentration auf ein nach innen Hören eine Antwort (*Pass-Wort*) auf diese erste Übung und das Zusammenwirken beider. Das Erscheinungs-Wirkende, das *Es Strahlt,* ist also nicht etwas, das man selbst imaginieren, erzeugen oder gar erzwingen muss. *Es* ist in jedem Menschen als Primärform eines im Hintergrund wirkenden Kräftegeschehens vorhanden und muss so nur geweckt oder erwartet werden. Es hat

---

[124]Weitere *Formel-Worte* sind in anderen Veröffentlichungen oder auch auf der hinten angegebenen Webseite zu finden. Vorerst genügen die hier im Text und Anhang erwähnten. Mehr als fünf sollte man in nicht verwenden.

keinen Sinn sich auf die Stirne oder Augen zu konzent-
rieren, es muss der freie Raum bleiben, der vor einem ist.

Genauso kann also auch das ‚Durchrieseln‘ zu spüren
sein oder die Empfindung auftauchen, wie das eigene
Körperbild sich verschiebt, sich weitet oder es einfach
nur als schwarze Farbe, Fleck vor den geschlossenen Augen festzustellen ist.[125] Denn schwarz ist schon eine
Wahrnehmung, die sich von der Dunkelheit im Kopf
ganz gering abheben kann. Egal was auch immer ‚gesehen‘ oder erfahren wird, es wird den Charakter von einem
auch nur ganz geringen *Es Strahlt* haben, und das genügt
für die erste Übung, für die man eine Zeit von zwanzig
Minuten bis zu einer halben Stunde ansetzen kann.

Man muss nicht einen Kurs besuchen, um diese Erfahrung zu machen, die ja authentisch als Aspekt des Wahr-
nehmungs- oder Schautriebs in jedem Menschen vorhanden ist, das ich auch bereits – Lacan folgend – als ein
„sich schauen machen" bezeichnet habe. Während also
anfänglich durch die Achtung auf das *Strahlt*-Phänomen

---

[125] Ich erwähne nochmals, dass die Erfahrung des ‚Durchrieselns‘
etwas mit atavistischen Gefühlsreaktionen zu tun hat, also z. B. ein
den Rücken herunterrieselnden Schauer bei einer ergreifenden
Musik oder den tief gehenden Emotionen der Frühmenschen, die
noch viel mit ihrer unbedeckten Haut gefühlt, ertastet und um-
weltbezogen kommuniziert haben. In der *Analytischen Psychokatharsis* wird diese Erfahrung jedoch als Bestätigung einer Erkenntnis genutzt, z. B. bei den *Pass-Worten*.

bereits eine Entspannung eingetreten ist, wird diese durch die gleichzeitig gedanklich wiederholten *Formel-Worte* vertieft. Es ist verständlich, dass durch das monotone, rein geistige Wiederholen dieser Formulierungen das *Strahlt*-Phänomen weiter begünstigt wird, was wiederum die Wiederholungsarbeit fördert. Beides, innerliches Wahrnehmen und rein mentales Wiederholen der *Formel-Worte* schaukeln sich so zur intensiven Katharsis auf.

Hier erweist sich die Praxis als Beleg für die im Text gemachte theoretische Feststellung, dass Sprachliches, das wie die *Formel-Worte* nichts direkt sagt, eine viel stärkere meditative Wirkung hat, als das gedankliche Wiederholen von fertigen Begriffen, Gebeten oder eindeutigen Aussagen, an denen man bewusst hängen bleibt und nicht die Tiefe oder Höhe des Unbewussten erreicht. Luther soll vor seinem Tod unruhig und nervös mit Gebeten gerungen haben, doch mit einem *Formel-Wort* – hätte er gewusst, was das ist und wie es funktioniert – wäre dies nicht notwendig gewesen. Denn wer spricht denn diese irrationalen, jenseitigen, zerhackten Formulierungen, man selbst oder bereits der Tod, das Ich oder der *Andere*? Ein E N S C I S N O M oder I S N O M E N S, egal von wo aus man es liest, sagt nichts von dem, was es weiß, aber es hat trotzdem Sprach-Gewebe, nicht Syntax, sondern noch davor liegendes Signifikantes,

Algorithmisches, Ästhetisches, primär Visuelles und Rethorisches.

Mit dem Schwung der Katharsis kommt (wie gesagt manchmal schon unmittelbar) der wichtige Effekt zustande, dass der B(r)uchstabenmix der *Formel-Worte* durch die ‚défilés du signifiant' (die Engführungen des Signifikanten) hindurchgetrieben wird und die *Pass-Worte* erzeugt werden[126] Die *Formel-Worte* sind also rein f o r m a l e Ausdrücke, die es in der üblichen Sprache so nicht gibt. So ist auch das hier nebenan abgebildete RA-DIC-IT kein normales *Formel-Wort* hinsichtlich aller Schnittstellen aus dem Lateinischen, aber es beinhaltet mehrere sich überschneidende Bedeutungen in einer Formulierung, es ist ‚linguistisch kristallin' aufgebaut (ein Ausdruck, den Lacan für die Struktur des Unbewussten verwendete).

Dieses *Formel-Wort* entspricht nicht ganz genau dem wissenschaftlichen Aufbau, ich habe es jedoch gewählt, weil es das radiat und das dicit (*Strahlt* und *Spricht*) enthält. Es

---

[126] Oudee Dünkelsbühler, U., Zeugnis und Schrift: B(r)uchstaben an der Couch, Les Etats Généraux de la Psychanalyse (2001), worin der Autor die elementarsten Schnitt- und Bruchstellen im psychoanalytischen Prozess meint, wie sie sich im Traum, bei Versprechern aber auch bei den *Formel-Worten* als Bedeutung haben.

ist sonst nicht wichtig, dass Ausdrücke vorliegen, die etwas mit der Methode zu tun haben oder sonst einen gängigen Klang ausweisen. Wichtig ist ja nur, dass irgendwelche Bedeutungen vorhanden sind, die grammatisch und syntaktisch in Ordnung sind, und die diese Struktur von mehreren solcher Bedeutungen in einem einzigen Schriftzug enthalten. Dies ergibt sich, wenn sie im Kreis geschrieben sind und von verschiedenen Buchstaben aus gelesen werden können. Aber die Bedeutungen, die das *Formel-Wort* enthält, überlappen sich und ergeben zusammen keinen Sinn, was, wie gesagt, gerade das Ausschlaggebende ist.

Denn so wird die Aufmerksamkeit des Übenden nicht von etwas bewusst Festgelegtem und Vorgefasstem besetzt, sondern lässt das Unbewusste zu Wort kommen, das mit seinen Buchstaben schon nach außen drängt. Diese Entäußerung will ja auch der Psychoanalytiker bei seinem Patienten fördern, indem er ihn zu spontanen Einfällen, zu ‚freien Assoziationen‘ auffordert. Doch es gibt da das Problem des Widerstandes. Unbewusst will der Patient häufig nicht, dass das Unbewusste so direkt zu Wort kommt und die inneren Wahrheiten enthüllt. Man muss den Patienten daher oft mühsam bei Laune halten, damit ihm doch manchmal etwas herausrutscht, was seine Symptome aufzuklären hilft.

Und etwas Ähnliches existiert auch in der *Analytischen Psychokatharsis*. Hier betrifft es die *Formel-Worte*, die nun ja tatsächlich oft etwas seltsam und sperrig klingen, und so auf innere, aber manchmal auch offen gesagte Widerstände treffen. So kam es bei den Vorträgen, die ich zur *Analytischen Psychokatharsis* hielt, einige Mal dazu, dass Bedenken, Missverständnisse, Falschanwendungen und andere Bemerkungen dazu vorgebracht wurden. Jemand sagte, dass er bei dem *Formel-Wort* ORS-ACE- RAM stets den Ausdruck ‚Marmorsauce‘ heraushöre, ein anderer erklärte, dass er sich keine drei solcher Worte merken könne, und viele stießen sich eben an den skurrilen Formulierungen. Nun kam man sicherlich noch geschmeidigere Formulierungen finden, doch wie schon angedeutet, wenn sie zu geschmeidig werden, bleibt man an der einen oder anderen Bedeutung hängen und lässt sich beim Meditieren nicht in die letztlich eben aufdeckende, aber nichtssagende Gesamtbedeutung fallen.

So kann man bei dem oben genannten RA-DIC-IT z. B. auch „adi cit r" (geh heran, es bewegt R), „C i tradi" (hundert I übergeben), „citra di" (diesseits die Götter), „dicit ra" (es sagt ra), „r adic it" (füge r hinzu, es geht), „radi cit" (gekratzt werden, es bewegt sich), „trad ici" (erzähle, ich habe getroffen), etc. herauslesen, wobei – nochmals gesagt – vieles recht unsinnig klingt. Dies hat jedoch für den formalen Ausdruck keinerlei Bedeutung. Ausschlaggebend ist hier nur, die wissenschaftliche Begründung (mehrere Bedeutungen in einer Formulierung, Verwendung mehrerer Schnittstellen) klar darlegen zu können, und dies ist für das Verfahren sehr wichtig, weil man nur so volles Vertrauen in die Methode haben kann. Vertrauen in einen Therapeuten allein genügt nicht, es muss durch klares Wissen gestützt sein.

Nochmals also: es ist in bequemer Sitzhaltung und anfänglich bei geschlossenen oder halb geöffneten Augen ohne eigene Anstrengungen auf das *Strahlt* (‚Scheint‘, ‚Durchrieselt‘, ‚Luzidität‘) zu achten, während gleichzeitig langsam, monoton und rein gedanklich ein oder mehrere *Formel-Worte* hintereinander in Abständen immer wieder neu wiederholt werden. Dies ist die erste Übung, die auf tatsächlichen Vorgaben der Psychoanalyse beruht, weil durch das mentale Reverberieren eine Regression (ein innerlicher Rückzug zu früheren psychischen Strukturen) erzeugt wird, die sich gleichzeitig nur auf einen eingeengten Aspekt des Wort- und Erscheinungs-Wirkenden, konzentriert und durch die *Formel-Worte* stabil gehalten wird.

Die *Formel-Wort*-Wiederholung setzt sich nämlich an die Stelle dessen, was man in der Psychoanalyse den Wiederholungszwang, das unbewusste Wiederholen nennt. Dieses negative, unbewusste Wiederholen wird zumindest solange aufgehoben, wie die Übungen der *Analytischen Psychokatharsis* wirken. Ich habe schon im Haupttext angedeutet, dass dadurch eine wesentliche Hürde der klassischen Psychoanalyse vereinfacht und vermindert wird, da der Wiederholungszwang ein tief verankerter seelischer Abwehrmechanismus ist. Durch den Wiederholungsvorgang beim Üben der *Formel-Worte* wird dieses Geschehen

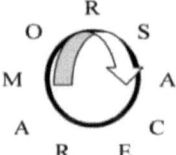 jedoch in einen konstruktiven, progressi-
ven Vorgang umgewandelt. Gefühle eines
sich stark weitenden Raumes, das Auftauchen von Erinnerungsbildern führen
manchmal zu Ablenkungen, die einer
weiterer Betrachtung nicht wert sind, sondern von denen
nur deren Katharsis genossen werden kann, die sich in der
Horizontalen ausbreitet.

Nach dem RA-DIC-IT kann nun (weiterhin in der ersten
Übung) auch ORS-ACE-RAM hinzugenommen werden,
um dem Verfahren für einen ersten Versuch vier *Formel-
Worte* zur Verfügung zu stellen (das erste ist samt seiner in
ihm enthaltenen Bedeutungen auf Seite 53 dargestellt und
beschrieben). In dem obigen *Formel-Wort* stecken fol-
gende Bedeutungen: „C eram orsa" (hundertfach war ich
Beginnen), „amo R sacer" (ich liebe das heilige R), „cera
morsa" (das zerstückelte Wachs), „mors acer" (der Tod ist
bitter), „amor sacer" (die Liebe ist heilig) usw.

Wie betont, sollte man die einzelnen Bedeutungen gleich
wieder vergessen. Wichtig ist nur zu verstehen, wie die
Formel-Worte aufgebaut sind, so dass man wissenschaft-
lich-intellektuell das Verfahren jeder Zeit hinterfragen
kann. Kommen irgendwelche Gefühle oder Ideen hoch,
die unpassend sind oder Angst machen, kann man nachdenken oder sich weiter über das Verfahren belesen. Jeder Schritt ist nachvollziehbar und begründet dargestellt,
so dass man genau weiß, was man bei der Ausübung der

Analytischen Psychokatharsis tut, und warum man es tut. Blinder Glaube ist in nicht gefragt. Ich erinnere an die Erfahrungen mit der Hypnose, in der es ja ebenso wie in der ersten Übung zu kathartischen Empfindungen kam, die jedoch durch die Worte des Therapeuten gelenkt wurde und nur so auf einem gesicherten Niveau blieben.

Ähnlich versuchen die meisten mythisch geformten Meditationsverfahren durch Anweisungen oder wie im Yoga durch Sanskritworte, die einen an die andere Kultur binden, einen innerhalb eines Reglements zu halten. Doch in der *Analytischen Psychokatharsis* wird ein Ergebnis nicht schon vorher durch diese Manipulationen geleitet, denn der Nicht-Sinn der *Formel-Worte* verhindert jede Lenkung, nur das ‚linguistisch-kristallin' gesteuerte Unbewusste und kein Therapeut soll selbst die Führung übernehmen.[127]

Wie im Text geschrieben sollte auf die **zweite Übung** übergegangen werden, wenn die Erfahrung des Es *Strahlt* und der Katharsis genügend ausgeprägt ist, es sei denn es ist schon – wie erwähnt – von selbst ein Übergang erfolgt. Gerade dieser spontane Übergang zeigt, dass es außer dem grundlegenden Dualismus des Erscheinungs- und Wort-

---

[127] Damit sind in diesem Buch drei *Formel-Worte* vermittelt, die zum Üben erst einmal genügen. Eine Verbesserung kann man mit zwei weiteren zusätzlichen *Formel-Worten* erreichen, die auf der Webseite analytic-psychocatharsis.com angegeben sind.

Wirkenden nichts gibt, das Geltung hat, d. h. man kann in den Übungen nicht verloren gehen, da die *Formel-Worte* – solange man ihnen folgt – keinen anderen Ausweg zulassen als den zu den *Pass-Worten*. Mit dem zündenden kathartischen *Es Strahlt* gelingt im Unbewussten stets konkret der Wechsel (durch die ,défilés du signifiant' hindurch) von der mehr bildhaften auf die mehr wortbezogene Seite. Oft ist dies jedoch spontan nicht so einfach, man muss dann die zweite Übung extra an die erste anhängen.

Während ich bei der ersten Übung von einem ,darauf achten' spreche, nämlich auf das vor einem Befindliche (Strahlt-Punkt, kathartisches Ereignis oder auch nur heller oder dunkler Fleck, Raumerfahrung), kann man bei der zweiten Übung besser von einer Konzentration reden. Und zwar geht es um eine Konzentration auf das innere Hören, auf den ,Ton', der als elementares Phänomen immer zu hören ist. Man braucht – wie erzählt – nur lange genug in einem schallabgeschirmten Raum sitzen, um zu merken, dass die Stille zu ,dröhnen' anfängt, wie man gemeinhin sagt. Es handelt sich um das, was Lacan das „sich hören machen" nennt, denn es handelt sich ums Begehren auf der Stufe des Akustischen und schließlich eben auch des Sprachklangs.

Dort, auf ein von oben / rechts im Kopf herkommendes Verlauten, auf einen ,Ton' aus dem tiefen Inneren, auf nunmehr genau dieses *Es Spricht*, auf diese Körper-Echos, wie sie Lacan auch nennt, konzentriert man sich ohne Anstrengung und Mühe. Allein schon der ,Ton' errichtet einen Halt in der Vertikalen. Der Philosoph P. Sloterdijk schrieb zu diesem Thema nur von der ‚Vertikalspannung‘, über die er sich fast etwas lustig machte, weil er nichts damit anzufangen wusste, weil sie ihm mythisch vorkam und er nur die Sozialhorizontale kennt.[128] Doch es gibt auch diese Vertikale der Signifikanten. Sie entspricht – wie schon im Text angedeutet – einer Lotung, Haltung, Festigung, in einer unverrückbaren Zeit, bei der es nicht um die Beziehung der Geschlechter auf der sozialen, horizontalen Ebene geht, sondern die mit der Geschlechterfolge zu tun hat, wie sie von den Ur-Eltern bis zu den Ur-Enkeln und weiter zu sehen ist, und die in der Senkrechten verläuft.

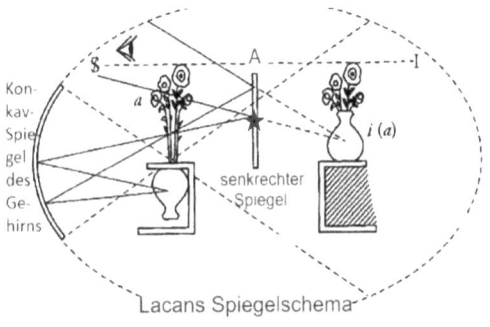

Lacans Spiegelschema

Die Horizontale steht mehr für die übliche, fortschreitende Zeit, die mal langsamer (in der Langeweile) und mal schneller (in der Kurzweile) verlaufen kann. Auch Lacan beschreibt diese Zeitmetren. Das in der Horizontalen Verlaufende bezieht er (siehe Abbildung seines Spiegel-

124 Sloterdijk, P., Du musst dein Leben ändern, Suhrkamp (2009)

Schemas) auf das Metrum, bei dem es auf die Spiegelungs-
erfahrungen, auf das i(a), Bild (i) des Begehrens-Objekts
(a) ankommt. Dagegen kommt das Metrum in der Vertikalen, das der Signifikanten, das des Es *Spricht*, wie ich es
mit dem *Anderen* bereits erwähnt habe, mit der Senkrechten zum Zug. Deswegen kommen auch die *Pass-Worte* von
oben, während die Katharsis, das atavistische Durchrieseln
sich im Nacken-Rücken- oder auch im Ganzkörper-Be-
reich nach unten hin abspielt.

Es sind schließlich Buchstaben (B(r)uchstaben), die aus
diesem ‚typographischen‘ Raum herausklingen und die das
Unbewusste dort gespeichert hält. Und genau in diesen
Raum sind die *Formel-Worte* eingedrungen und haben
diese Buchstaben geweckt und evoziert. Auch hier wieder
gilt das Gleiche: es handelt sich um einen ganz originären
Aspekt des Sprechtriebs, bzw. des Wort-Wirkenden, das in
jedem Menschen als Primärprozess vorhanden ist und im
Unbewussten außer dem ‚Ton‘ sogar die Form ganz knap-
per, kompakter „innerer Sätze“ und „ultrareduzierter Phrasen“ annimmt (alles Begriffe Lacans für diese lautliche Erfahrung). Auch hier können anfänglich nur ein feines Rau-
schen, ein ferner Laut oder Ähnliches wahrgenommen
werden.

Der Übende wird jedoch von Anfang an bemerken, dass es
sich hier um eine Konzentration auf ein mehr oben-rechts
oder oben-zentral im Kopf befindliches Hör-Sprechsystem
handelt, zu dem die ‚Echos des Körpers‘ Beziehung haben,

auf die hier zurückgegriffen wird.[129] Denn die Ohren können nicht verschlossen werden, sie müssen Tag und Nacht
alle Laute und Geräusche aufnehmen und alles, was nicht
verarbeitet wird, irgendwo ablegen. Manches ist – wie
schon erwähnt – nur Müll, aber manches (auch aus dem
Müll, der ja auch seelisch Abgespaltenes und Verdrängtes
enthält) drängt doch zur Abfuhr nach draußen. Darin ist der
‚Ton‘ genauso enthalten, wie bei fortgeschrittener zweiter
Übung auch dies oder jenes *Pass-Wort*, das auf andere
Weise befreit, als die Katharsis.

Ich bin im Text vielfach darauf eingegangen, zu welchen
mehr analytischen und damit auch weniger kathartischen
Effekten diese zweite Übung führt. Es bleibt nicht beim
einfachen Hören und Erfahren von inneren Lautphänomenen, sondern von Buchstabenfolgen bis hin zu kurzen Sätzen. Solche – von Lacan auch als „ultrareduzierte Phrasen"
beschriebene Kurssätze nenne ich *Pass-Worte*, Identitätsworte, weil sie direkt aus dem Unbewussten kommend natürlich mit der Identität des Übenden zu tun haben. Identität in dem Sinne, dass nunmehr speziell Verdrängtes, psychisch Abgespaltenes zur Wirkung kommt, so wie es im
Freud'schen Versprecher auch der Fall ist, wo sich ein verdrängtes Wort vordrängt und in ein bewusst ausgesprochenes Wort hineingezwängt hat, die typische Funktion des in

---

[129] Auch wenn das eigentliche Hör-Sprechsystem im Kopf linksseitig
angelegt ist, ist eben rechtsseitig das mehr rudimentäre, musikalische, das prosodische und der Regression besser zugängliche
Hör-Sprechsystem vorhanden.

der Psychoanalyse im Zentrum stehenden angstmachen-
den, verstörenden und eben doch nicht zu verleugnenden
Begehrens.

Während man aber beim Versprecher und auch beim
Traum versuchen muss, das verdrängte Wort durch Deutung herauszufinden, ist es im *Pass-Wort* gleich mit enthalten. Eine gewisse deutende Einordnung ins bewusste psychische Leben ist oft trotzdem nötig. Beispiele von *Pass-
Worten* habe ich im Text geschildert. Jeder muss hier selber
ausprobieren, was er als *Pass-Wort* anerkennen kann.
Manchmal ist es nämlich so, dass man erst fast im Nach-
hinein, in der Endphase der *Pass-Wort*-Erfahrung, des
Phrase-Hörens, den Kurzsatz wahrnimmt. Manchmal
scheint es ein sehr, sehr leiser Gedanke zu sein, der aber
dennoch klar oder ziemlich klar ist. Ich muss mich hier so
diffus ausdrücken, trotzdem besteht an dem Phänomen
kein Zweifel und zwar sowohl von der psychoanalytischen
Theorie her, wie auch von den zahlreichen Erfahrungen,
die ich bisher von er meditativen Seite her sammeln
konnte.

Dass das *Pass-Wort* meistens nur eine knappe Phrase, ein
Kurzsatz ist, leuchtet ein, denn es taucht aus dem Unbewussten als ein primärer und nach außen drängender Affekt auf. *Es* will sich etwas melden, was deutlich verdrängt
oder gar seelisch abgespalten ist, und in einem derartigen
Drängen besteht nicht viel Zeit und Platz. Der sich auch als
Psychoanalytiker bezeichnende indische Guru B. S. Goel
– jedenfalls hatte er etliche Stunden einer Psychoanalyse

absolviert – sprach ebenfalls davon, dass er bei den Meditationen, zu denen er anleitete, aus dem Unbewussten Sprachliches auftauchte.[130] Als Beispiel nannte er jedoch lange, oder gar mehrere Sätze, was freilich nur bedeuten kann, dass sie hauptsächlich vom seinem bewussten Denken geleitet waren. So etwas stellen natürlich keine *Pass-Worte* dar, das waren Goels eigene Phantasien.

Gleichzeitig betone ich erneut, dass beim Deuten der *Pass-Worte* – falls diese nicht von vornherein eindeutig sind – in beiden Richtungen geprüft werden sollte: hat es etwas mit dem Kausalen eines verdrängten Begehrens zu tun oder mit dem Finalen von etwas Kreativem? Oft gilt beides gleichermaßen, wie ich an den Beispielen im Text gezeigt habe. In der Psychoanalyse – und da hat Lacan in seiner Praxis auch nicht anders gehandelt – werden nur die kritischen, verdrängten und eher peinlichen Aspekte (Einfälle, Traumdeutungen, etc.) gewertet, die man im Verdacht hat, dass sie im unterdrückten Zustand die Krankheits-Symptome erzeugen. In der *Analytischen Psychokatharsis* kann es zwar auch darum gehen, aber meist sind auch kreative Aspekte dabei.

Nochmals also: Nach der ersten Übung, dem gedanklichen Wiederholen mehrerer *Formel-Worte* bei gleichzeitigem darauf achten, ob man ein *Strahlt*, eine Luzidität, ein ‚Durchrieseln‘, eine befreiende, kathartische Erfahrung, wahrnimmt, geht man – evtl. nach dreißig Minuten – zur

---

[130] Goel, B. S. Meditation und Psychoanalyse, Ariston (1989)

zweiten Übung über. Hierbei konzentriert man sich auf den Laut, den Ton, das *Spricht* von oben oder rechts innen her. Bemerkt man, dass der *Strahlt*-Anteil beim Üben zu stark ausfällt, wechselt man zur *Spricht*-Übung und umgekehrt. Beide Übungen sind beliebig lange durchzuführen, wie gesagt, genügen meist zwei mal zwanzig bis dreißig Minuten. Der Wechsel von praktischer Erfahrung und theoretischem Denken ist wichtig, weil am Ende etwas Gemeinsames herauskommen wird: eine gedankliche Selbsterfahrung, eine praktische Logik, eine kathartische Analyse. Letztendlich finden beide Übungen zum Genießen des Realen, das das Reale des Genießens ist, und zu einem inneren ‚Auftrag‘, einer Gewissheit, evtl. auch am Verfahren selbst weiter mitwirken zu können.

Nicht immer läuft alles glatt. Die erste Übung ist noch am einfachsten. Beim Wahrnehmen einer körpernahen Katharsis, eines psychophysischen ‚Durchrieselns‘, genügt schon allein die unmittelbare Erfahrung noch während des Wiederholens der *Formel-Worte*, dass sich über kurz oder lang eine ausreichende Erfolg hinsichtlich des Verschwindens eines Symptoms einstellt. Schwierig mag eher die zweite Übung werden, ob, wie und wann das Auftreten der Erfahrung des inneren ‚Tons‘, des inneren Hörens, zu einem vorbewussten Gedanken, einem *Pass-Wort* werden kann, wobei ich nochmals betonen muss, dass bereits das mentale Wiederholen der *Formel-Worte* ein unbewusstes Gespräch ist. Denn wer spricht in diesen Momenten, wenn nicht die Formulierung selbst, die automatisch aus der mangelnden

Syntax heraus zu einer eben ganzheitlichen syntaktischen Formulierung führt, zum *Pass-Wort*.

Und so geht es um eine Wissenschaft v o m Subjekt, an der jeder teilnehmen kann. Schon Freud hatte sich dafür ausgesprochen, dass die Psychoanalyse auch von Laien erlernt und ausgeübt werden kann. Das Übergewicht von Akademikern, insbesondere von Ärzten, hat diese Anregungen des eigenen Gründervaters Freud nicht ernst genommen. Universitäre, scholastische Strebungen beherrschen daher von Anfang an die Psychoanalyse, die ja auch für die *Analytische Psychokatharsis* wichtig ist. Aber hier behindert nicht ein System von Klüngel Vereinen und hierarchisch gestaffelten Organisation den persönlichen Fortschritt. So wie Lacan, der seine eigene Organisation am Ende seines Lebens aufgelöst hat, damit nichts zu stark Institutionelles Vorrang vor freier Mitarbeit gewinnt, habe ich bisher hinsichtlich der *Analytischen Psychokatharsis* keine Organisation und keinen Verein gegründet.

Ich hoffe, dass dies auch nicht nötig ist. Wer die *Analytische Psychokatharsis* ausgeübt und ihre Wirkung erfahren hat, weiß, mit was er es zu tun hat und wie er es notfalls auch anderen vermitteln kann. Die Grundlagen sind in zahlreichen Büchern von mir, in psychoanalytischer Literatur und auch in soliden, wenn auch nicht wissenschaftlich korrekten, so doch seriösen Texten über die Anwendung von meditativen Verfahren beschrieben. Davon unbeachtet bleibt natürlich der Kern der *Analytischen Psychokatharsis* weisungsbestimmend.

Dieser Kern besteht vor allem – wie im Haupttext mehrmals betont – in der Verbindung des Erscheinungs- und
Wort-Wirkenden in den zwei grundlegenden Übungen,
wobei diese Verbindung nur gelingt, wenn man verstanden
und erfahren hat, dass durch die Katharsis der ersten
Übung die Kraft, die Höhe, die Intensität geschaffen wird,
die in der zweiten Übung dazu führt, dass das Unbewusste
die entsprechenden *Pass-Worte* frei gibt. Etwas Derartiges
existiert in der herkömmlichen Psychoanalyse und in allen
Meditationsverfahren nicht. In der Psychoanalyse gelingt
es deswegen nicht, weil die Psychoanalytiker eine Masse
an gleichwertigen Ich-Idealen bilden, die die Patienten
auch als ihr Ich-Ideal übernehmen, so dass man sich in ge-
genseitigen Übertragungen festsetzt, die ja eigentlich aufgelöst werden müssten.[131]

In den Meditationen findet ein ähnlicher Vorgang statt: der
Lehrer, Guru, ist durch nichts legitimiert und wird sofort
durch einen Nachfolger ersetzt, so dass die fehlende Legi-
timation weiter geführt wird. Die Übertragung, die mit der
Unterstellung einhergeht, dass der Lehrer, Meister, Guru
hypothetische und hypertrophe Fähigkeiten besitzt, wird
nicht aufgelöst. Alle diese Persönlichkeiten in Psychoanalyse und Meditation müssen sich aus der Beziehung her-
auslösen, sich mit ihrem Ich-Ideal endgültig aus dem Spiel
bringen, wie vor allem auch der Betroffene Proband selbst
– ganz analog dazu – die Übertragung auflösen muss. Doch
innerhalb all dieser Communities, ja fast Geheimbünden,

[131] Lacan, J., Seminar VIII, Passagen Verlag (2008) S. 407

gelingt dies nicht zur Genüge, und in Religion, Meditation und ähnlichen Verfahren wird darauf überhaupt nicht geachtet.

Der Einzelne ist gefragt, nur er kann, freilich mit zur Verfügung gestellten, wissenschaftlich rein f o r m a l e n Grundlagen, die Übertragung bearbeiten (mittels der *Formel-Worte*) und eine Deutungs-Lösung (mittels der *Pass-Worte*) erreichen. Ich halte das für die derzeit beste Möglichkeit die Wissenschaft, vor allem die Wissenschaft v o m Subjekt weiter voran zu bringen, woran jeder selbst mitarbeiten kann. Will man das Verfahren anderen vermitteln, ist nicht unbedingt ein Ausbildungsverfahren notwendig. Wie gesagt führt dies nur zu unnötigen Hierarchie-Bildungen. Sicher ist es gut und zweckmäßig, wenn man selbst zum Vermittler der Methode werden will, sie also auch anderen beibringen will, wenigstens ein Jahr Erfahrung damit und etwa vierzig Stunden an psychoanalytischen Einzel- oder Gruppensitzungen teilgenommen zu haben.

Lacan hat vermieden aus seiner Lehre eine Institution zu machen. Seine Vorlesungen fungierten unter der Domäne einer école freudienne', einer Freud-Schule, ohne weitere Regeln oder Richtlinien. Die Lehre ließ sich allein aus dem freien Vorgetragenen entnehmen, mehr gab es nicht. Zurecht, denn aus etablierten Lehranstalten und Instituten entwickeln sich die üblichen Epigonen-Vereine, in denen nichts Neues mehr entwickelt, sondern nur das Alte einfallslos doziert wird. Jedem Verein, jedem Institutionalismus ist es so ergangen, dass eine zu sehr etablierte

Organisation den echten und betont kreativen Fortschritt verhindert.

Aber nicht nur das Dozententum blüht, es wird auch sehr viel Geld damit verdient. Allein die Ausbildung in der herkömmlichen Psychoanalyse kostete mich in den siebziger Jahren dreissigtausend DM, also etwas mehr als fünfzehntausend Euro. Heute bezahlt man fast das Fünffache, und wenn man berechnet, dass man vorher ein Medizin- oder Psychologie-Studium absolviert haben muss, ist es kein Wunder, dass eine psychoanalytische Therapie dann zwanzig- bis fünfzigtausend Euro kostet. Nun sollte das Finanzielle kein Grund dafür sein, was mehr oder weniger Qualität hat. Eine Einführung in die *Analytische Psychokatharsis* sollte nichts kosten. Auf die Wissenschaftlichkeit allein kommt es an.

Literaturverzeichnis

Baggini, J., Ich denke, also will ich, dtv (2016)

Barkhaus, A., Mayer, M., Identität, Leiblichkeit, Normativität, Suhrkamp (1996)

Bauriedl, T., Beziehungsanalyse, Suhrkamp (1993)

Benthien, C., Wulf, Ch., Körperteile, Rowohlt (2001)

Bezzel, C., Wittgenstein, Junius (1996)

Breuer, R., Immer Ärger mit dem Urknall, Rowohlt (1993)

Brockman, J., Vogel, S., Wie funktioniert die Welt?, Fischer Taschenbuch (2013)

Byung-Chul Han, Die Austreibung des Anderen, Fischer Wissenschaft (201)

Byung-Chul Han, Die Errettung des Schönen, Fischer Wissenschaft (201)

Camus, A., Der Mythos des Sisyphos, Rowohlt (2018)

Carnap, R., Einführung in die Philosophie der Naturwissenschaft (1969)

Damasio, A. R., Descartes` Irrtum, Dtv (1997)

Dennet, D. C., Von den Bakterien zu Bacvh – und zurück, Suhrkamp (2018)

Davies, P., Gott und die moderne Physik, Bert. M. (1986)

Eccles, J. C., Gehirn und Seele, Piper (1987)

Eichmeier, J., Höfer, O., Endogene Bildmuster, U&S – Verlag (1974)

Ferrie, C., Quanten Bullshit, Kosmos (2024)

Fischer-Lichte, E., Performativität: Eine Einführung, transcript (2012)

Freud, S., Studienausgabe, Fischer (1989)

Goel, B. S. Meditation und Psychoanalyse, Ariston (1989)

Görz, G., Einführung in die Künstliche Intelligenz, Addison-Wesley (1996)

Harari, Y. N., Homo Deus, C. H. Beck (2017)

Heidegger, M., Unterwegs zur Sprache, G. Neske (1959)

Hilbrecht, H., Meditation und Gehirn, Schattauer (2010)

Hofstadter, D., Die Analogie, Klett-Cotta (2014)

Horgan, J., An den Grenzen des Wissens, Luchterhand (1997)

Jacobs, A., Schrott, R., Gehirn und Gedicht, Hanser (2011

Jakobson, R., Semiotik, Suhrkamp (1988)

Jakobson, R., On Language, Harvard University Press (1995)

Jung. C.G., Gesammelte Werke, Walter (1983)

Kant, I., Kritik der reinen Vernunft, Reclam (1966)

Kluge, F., Etymologisches Wörterbuch, W. de Gruyter (1989)

Lacan, J., Schriften I - III, Walter, (1975)

Lacan, J., Seminare I,I, VII, XI, XX, Quadriga (1980-1995)

Lacan, J., Séminaire Nr. III, Iv, VIII, XVII, Edition Seuil (1981-1994)

Lacan, J., Die Bildungen des Unbewussten, Turia & Kant (2006)

Lacan, J., Mitschriften der Seminare,VI,IX,X,XII,XV, B.R.L.F., Strasbourg

Laplanche, J., Pontalis, J. B., Das Vokabular Der Psychoanalyse, Suhrkamp (1989)

Linke, D., Kunst und Gehirn, Rowohlt (2001)

Maar, C., Pöppel, E., Christaller, T., Die Technik auf dem Weg zur Seele, Rowohlt (1996)

Merleau-Ponty, M., Das Sichtbare und das Unsichtbare, Fink Verlag (1994)

Pinker, S., Der Sprachinstinkt, Kindler (1996)

Plato, Sämtliche Werke, Insel Verlag (1991)

Popper, K. R., Eccles, J. C., Das Ich und sein Gehirn, Piper (1989)

Potthoff, P., Die Begegnung der Subjekte, Psychosozial-Verlag (2014)

Roazen, D., Der innere Sinn, Archäologie eines Gefühls, Fischer (2012)

Roheim, G., Die Panik der Götter, Kindler (1975)

Rosset, C., Das Reale in seiner Einzigartigkeit, Merve (2000)

Rüdinger, D., Perrez, M., Anthropologische Aspekte der Psychologie, O. Müller (1979)

Rudgley, R., Abenteuer Steinzeit, Kremaye & Scheriau (2001)

Schmidt-Hellerau, C., Lebenstrieb & Todestrieb, Libido & Lethe, Verlag Intern. Psychoanalyse (1995)

Searle, J. R., Geist, Hirn und Wissenschaft, Suhrkamp (1992)

Seidler, G. H., Der Blick des Anderen, Verlag Intern, Psychoanalyse (1995)

Sinz, R., Gehirn und Gedächtnis, Fischer Utb (1981)

Strowik, E., Sprechende Körper, Fink-Verlag (2009)

Thompson, R. F., Das Gehirn, Spectrum (1994)

Thorne, K. S., Gekrümmter Raum und Verbogene Zeit, Knaur (1996)

Tipler, F. J., Über die Omegapunkttheorie, Piper (1994)

Tonelli, G., Die Illusion der Materie, C. H. Beck Verlag (2024)

Uexküll, Th., Fuchs, M., Subjektive Anatomie, Schattauer (1994)

Weiss, Der Andere in der Übertragung, Frommann-Holzboog, (1988)

Weizsäcker, C. F. von, Die Einheit der Natur, Dtv (1995)

Weinberg, S., Der Traum von der Einheit des Universums, Bertelsmann (1993)

Weizenbaum, J., Die Macht der Computer, Stw (1977)

Wiener, O., Probleme der Künstlichen Intelligenz, Merve (1990)

Wilhelm, R., Informatik, C.H.Beck (1996)

Wilson, E. O., Der Wert der Vielfalt, Piper (199

Wolf, F. A., Die Physik der Träume, Byblos (1996)

Wygotski, L.S., Denken und 'Sprechen', Fischer (1981)

Webseite: www.analytic-psychocatharsis.com
Kontakt: g.vonhummel@web.de

Weitere Bücher des Autors im MSC-Verlag

Analytische Psychokatharsis

Psychoanalytische Theorie und kathartische Meditation können nicht einfach ineinander überführt werden. Setzt man beide Verfahren aber durch ein entscheidendes Element (einen „linguistischen Kristall") in Beziehung, lässt sich ein eigenes neues Verfahren begründen. Die Psychoanalyse und die meditativen Methoden werden diskutiert, und die Praxis des eigenen Verfahrens wird ausführlich beschrieben.

SIGNIFIKANT Gott?

Schon die unterschiedliche Groß- Kleinschreibung provoziert, dass der SIGNIFIKANT (Bezeichner, Bedeutender), ein Begriff aus der Linguistik, wichtiger sein könnte, als die altehrwürdige Vokabel Gott. Der Autor zeigt, dass Jesus ein Vorläufer der modernen Psychotherapie war und somit sein Vorgehen auch für die heutige Psychoanalyse genutzt werden kann.

Der leere Geist und die KI. Zwischen psychotherapeutischen Methoden und der künstlichen Intelligenz (KI) gibt es kaum Vergleichsmöglichkeiten. In der Psychoanalyse J. Lacans wird in der der rechnerische Intellekt der KI zwar gewürdigt, aber durch einen ‚der Liebe unterstellten Intellekt' ersetzt wird, in dem der Einzelne wieder zum Zug kommt. Ein neues Verfahren führt in die Wissenschaft zur Seele des Einzelnen zurück und gibt ihr durch die KI doch neue Impulse.

Yoga und Psychoanalyse

An Hand einer wissenschaftlichen Biographie des Religionswissenschaftlers und Yogalehrers Kirpal Singh (Surat Shabd Yoga) werden alle Yogaformen von der Seite der Psychoanalyse her betrachtet. Es ergibt sich die Notwendigkeit ein eigenes Verfahren zu begründen, das der Autor auch *Analytische Psychokatharsis* nennt. Zahlreiche Bilder und Schemata machen das Buch anschaulich.

Wissenschaftlich begründet meditieren. Die klassische Methode der Analyse des Unbewussten stellt eine zu theoretische Form der Psychotherapie dar. Um in der Praxis mehr Erfolg zu haben bedarf es eines direkteren selbstanalytischen Verfahrens, das jeder aus sich selbst heraus entwickeln kann. Formulierungen, die in einem einzigen Schriftzug mehrere Bedeutungen enthalten, können das Unbewusste jedes Einzelnen durch mentales Üben aufbrechen und zu sich selbst befreien.

‚teetrunken' Ausgangspunkt des Buches stellt die Lehre des Psychoanalytikers O. Graf Wittgenstein dar, der davon ausging, dass der Mensch in sich drei Teile birgt, die er nur verschiedentlich zu einer Einheit bzw. einheitlichen Persönlichkeit verbinden kann. Die letztliche und ideale Einheit nennt er den 'Trialog'. Anhand der Schilderung mehrerer Bergbesteigungen durchstreift der Autor alle möglichen kulturellen und psychologischen Fragestellungen, um im Endeffekt den 'Trialog' durch das Wandern, Meditieren und intellektuelle Verarbeiten zu erreichen.

Liste anderer Werke des Autors im MCS-Verlag

Herz-Sprache, Eine Psychoanalyse des Herzens

Politik / Therapie, Begreifen, was man schon weiß - wie Politik therapeutisch zu denken wäre

Das autochthone Genießen, Essays zu einem neuen selbstanalytischen Verfahren

Zweimal den Tod überlisten, Ein Traktat zu Sisyphos, und wie man das Sterben heute meistert

Siddharthas Wiederkehr, Ein wissenschaftlicher Roman – eine Anregung zur Selbsttherapie

Nach Lacan, Über Physik, Psychoanalyse und die Metapher des Genießens – eine Selbstpraxis

interhot, Gespräche mit dem Unbewussten

Das Gerade und das Gekrümmte, Die Behandlung einer Psychose

Die Mathematik des Eros, Die ‚perfektoiden Räume' des Unbewussten – eine Selbstpraxis

Die körperlich kranke Seele, Eine Broschüre zu Theorie und Praxis der *Analytischen Psychokatharsis*

Psychoanalyse / Meditation, Vergleich und Anleitung

Jesus und die Frauen, Wege von damals und heute zur selbstanalytischen Praxis

Nachts im Notdienst fahren, ärztliche und psychologische Reflexionen

Verinnerlicht Euch! Anleitung zu einer Revolte des Selbst